LE Marketing selon McKenna

Regis McKenna

LE Marketing selon McKenna

Traduit de l'américain par Christine Durieux

InterEditions
87, AVENUE DU MAINE - 75014 PARIS

L'édition originale de cet ouvrage a été publiée aux États-Unis par Addison-Wesley Publishing Company, Reading, Massachusetts, sous le titre *The Regis Touch*. © 1985 by Regis McKenna.

ISBN 2-7296-0125-2

Sommaire

Préface

Imaginer comment gérer une entreprise ou commercialiser un nouveau produit dans une industrie caractérisée par la rapidité du changement est une gageure, mais rassembler ses idées dans une livre est peut-être un défi encore plus difficile à relever.

En effet, deux problèmes se posent. D'abord, un livre est quelque chose de linéaire. Il commence à la première page et se termine à la dernière. En revanche, la réalité est multidimensionnelle. Il suffit de regarder le monde des affaires pour y voir un tissu complexe d'interconnexions. Toutes les questions influent sur toutes les autres, d'une manière complexe, parfois même imprévisible. Il n'existe pas de réponse simple. La réalité ne cadre pas dans une liste finie de chapitres.

Ensuite, le livre donne un instantané, mais le monde des affaires continue à évoluer. Ecrire un livre sur la marche des affaires devient d'autant plus ardu que le rythme du changement s'accélère. Ce qui est fiction aujourd'hui sera réalité demain, et ce qui est réalité aujourd'hui sera fiction demain. Une information valable aujourd'hui peut se révéler inutile demain. Il est vraiment de plus en plus difficile d'écrire un ouvrage sur l'administration des affaires qui ne se périme pas très vite.

En conclusion, le livre a ses limites, de même que tout autre forme de communication. Communiquer des idées en respectant les contraintes du support est peut-être une tâche difficile, mais c'est aussi un défi passionnant. Il est certain que la rédaction de cet ouvrage a été pour moi un défi passionnant.

Remerciements

Au cours des vingt années que j'ai passées dans la Silicon Valley, j'ai travaillé pour plus de cent cinquante entreprises. Nombreux sont ceux qui ont inspiré les idées que j'ai sur le marketing et l'administration des entreprises, mais trois personnes ont joué un rôle particulièrement important auprès de moi, me prodiguant amitié et conseils : ce sont Don Valentine, Andy Grove et Steve Jobs.

J'ai travaillé avec Don Valentine à National Semiconductor entre 1967 et 1970, à une époque où il en était directeur du marketing. Aujourd'hui, Don dirige une firme de capital-risque. Il a été de ceux qui ont exercé la plus grande influence en matière de marketing dans le secteur de la haute technologie depuis l'origine de la Silicon Valley, et son influence se poursuit encore aujourd'hui.

Andy Grove est le président d'Intel. Depuis quinze ans, Intel est la véritable force motrice de la révolution microélectronique. C'est cette société qui a commercialisé la première mémoire à semi-conducteurs MOS, le premier micro-processeur, la première mémoire programmable, et qui est à l'origine de bien d'autres grandes premières. Andy est une source d'inspiration, non seulement pour moi, mais pour tous ceux qui ont travaillé chez Intel. Son dynamisme, sa discipline et son imagination inlassable sont contagieux.

Steve Jobs est un ami et un homme d'affaires remarquable. Steve amène ses interlocuteurs à remettre en question leurs préjugés. Pour lui, rien n'est insurmontable. Ce qui pourrait paraître à beaucoup une grande témérité est en fait une source d'inspiration pour tous ceux qui ont affaire de près ou de loin à Apple.

J'ai aussi été fortement influencé par les ouvrages de deux auteurs : le futurologue Alvin Toffler et Theodore Levitt, professeur à la Harvard Business School. J'ai relu maintes et maintes fois *le Choc du futur* de Toffler, et tout ce qu'a écrit Ted Levitt m'a passionné.

Je tiens également à remercier tous ceux qui travaillent à Regis McKenna, Inc. ; je leur suis redevable du travail et de la réussite de cette entreprise. Je ne le dirai jamais assez.

En outre, un jeune homme, nommé Ron Davis, alors étudiant en gestion à Stanford, m'a aidé dans les recherches et la compilation des documents de base.

Enfin, Mitchel Resnick, ancien journaliste et rédacteur au magazine *Business Week* a fait de mes idées et de mes données une prose lisible. Sans lui, cet ouvrage n'aurait jamais vu le jour. Nous en partageons la paternité.

Aujourd'hui, le changement est si rapide et incessant dans nos techno-sociétés que les vérités d'hier deviennent brusquement les fictions d'aujourd'hui, et nos contemporains les plus qualifiés et intelligents reconnaissent qu'ils ont du mal à ne pas se laisser dépasser par le déluge des connaissances nouvelles — même dans des domaines extrêmement pointus.

ALVIN TOFFLER, Le Choc du futur

1 Un nouveau marketing

*J*e fréquente depuis vingt ans la meilleure business school du monde : la Silicon Valley.

Quand on pense à la Silicon Valley, on pense à la technologie de pointe : des bits et des octets, des puces et des mémoires. Pour moi, l'intérêt et l'importance de la Silicon Valley vont bien au-delà des technologies nouvelles ; la Silicon Valley est un laboratoire de nouvelles idées sur la gestion et le marketing.

Quand j'ai quitté la Pennsylvanie pour la Californie, en 1963, la Silicon Valley n'existait pas encore en tant que telle, mais cette région avait déjà quelque chose de particulier. En effet, de nombreux ingénieurs y expérimentaient des technologies nouvelles et y créaient des industries encore inconnues. Le rythme du changement était extraordinaire. Chaque jour, apparaissaient des innovations, des produits nouveaux et des entreprises nouvelles.

La technologie progressait à pas de géant, mais les méthodes de gestion dans la Silicon Valley n'évoluaient pas beaucoup. Les entreprises commercialisaient toujours leurs produits d'une manière tout à fait traditionnelle : des ingénieurs vendaient à des ingénieurs ; les vendeurs se bornaient aux détails techniques et aux prix. Bref, les entreprises étaient axées sur la technologie et les ventes.

Je me suis vite rendu compte que ces approches traditionnelles ne convenaient pas à un monde de marchés mouvants et de produits complexes. Les entreprises de la Silicon Valley avaient besoin de stratégies commerciales aussi neuves et novatrices que leurs produits. C'est pourquoi, pendant que les ingénieurs de la Silicon Valley expérimentaient des technologies nouvelles, je commençai de mon côté à expérimenter des idées neuves en matière de marketing et de communication.

C'est ainsi qu'en 1970, j'ai fondé ma propre entreprise, Regis McKenna, Inc., pour mettre ces idées à l'épreuve. Au fil des années, mes collaborateurs et moi-même avons travaillé avec certaines entreprises américaines parmi les plus novatrices et dynamiques. En effet, depuis plus de dix ans, nous conseillons la direction générale d'Intel, champion de l'innovation dans l'industrie des semi-conducteurs. Nous avons commencé à travailler avec Apple Computer à l'époque où son fondateur, Steve Jobs, bricolait encore dans son garage et avait moins de mille dollars à son compte en banque. Au total, nous avons travaillé pour plus de cent cinquante entreprises de haute technologie.

Cette expérience nous a permis de concevoir une nouvelle approche du marketing, une approche qui tient compte des changements dynamiques qui interviennent dans les industries et les marchés. Elle met l'accent sur l'établissement de relations plus que sur la promotion des produits, sur la communication des concepts plus que sur la dispersion de l'information et sur la création de nouveaux marchés plus que sur le partage de marchés existants.

Ces idées ont été conçues et testées dans des entreprises de haute technologie, mais elles s'appliquent aussi à beaucoup d'autres secteurs. De fait, les règles traditionnelles du marketing sont en voie de disparition dans un nombre croissant de secteurs. Le monde des affaires change rapidement, et les concepts de marketing prennent du retard.

A maints égards, les expériences de la Silicon Valley peuvent valablement servir d'exemples pour le reste du monde industriel. La Silicon Valley, à la pointe du progrès, donne le ton au reste de l'industrie. En effet, les problèmes de marketing et de gestion auxquels se heurtaient hier les entreprises de la Silicon Valley sont ceux auquels le monde des affaires est aujourd'hui confronté. Et les problèmes auxquels se heurtent aujourd'hui les entreprises de la Silicon Valley seront demain ceux des autres entreprises.

Plusieurs raisons expliquent la nécessité de concevoir de nouvelles approches du marketing. La plus importante est sans doute l'accélération du rythme du changement. Les règles du marketing traditionnel ont été inventées pour des marchés et des industries statiques ; elles présupposent que les technologies et les marchés n'évoluent que lentement. Or, le monde moderne est tout sauf statique. En raison du progrès technologique, les produits et les entreprises changent plus rapidement qu'auparavant. Des stratégies qui semblaient prometteuses un jour sont périmées le lendemain.

Autrefois, l'évolution technologique se faisait très progressivement. Il a fallu trente ans pour que les antibiotiques passent du stade de la recherche à celui de la réalité commerciale. Il a fallu également trente ans pour commercialiser la fermeture éclair. Les choses sont très différentes aujourd'hui. Les produits faisant appel à l'ADN recombinant ont été mis sur le marché moins de dix ans après l'hybridation des premiers gènes.

Alvin Toffler a été l'un des premiers à faire état de l'accélération du changement. Dans son ouvrage, *Le Choc du futur*, il explique :

> *Qu'on regarde les distances parcourues, les altitudes atteintes, les matières extraites du sous-sol ou la puissance explosive maîtrisée, la même tendance à l'accélération est manifeste. Le schéma est absolument évident, et on ne peut s'y tromper. Les millénaires et les siècles se sont écoulés, puis, à notre époque, on assiste à un brusque recul des limites, un fantastique bond en avant.*

C'est dans les industries de haute technologie que cette accélération est la plus grande. De même qu'une année de la vie d'un chien équivaut à sept ans de la vie d'un homme, un an dans une entreprise de haute technologie équivaut à sept ans dans tout autre secteur. Selon une estimation, on compte une innovation toutes les trente secondes dans la Silicon Valley. Les produits passent de la planche à dessin au marché à la vitesse de la lumière. L'idée neuve d'aujourd'hui est le produit nouveau de demain.

Le rythme du changement s'accélère maintenant aussi dans les secteurs plus traditionnels, ce qui donne la migraine aux chefs d'entreprises de la vieille école. Les mêmes technologies qui ont contribué à la création de la Silicon Valley sont à l'heure actuelle en train d'envahir les secteurs parvenus en phase de maturité. Les micro-processeurs, les ordinateurs et les robots prolifèrent, modifiant la nature même des activités dans la quasi-totalité des industries. Chaque nouvelle puce semi-conductrice, chaque nouvel ordinateur, chaque nouveau progiciel peut avoir une incidence profonde sur l'orientation et l'évolution d'autres secteurs.

Au siècle dernier, le pétrole était une industrie de base, qui offrait des occasions nouvelles et provoquait des changements dans des secteurs aussi divers que les transports, la chimie et le textile. La micro-électronique est aujourd'hui une nouvelle industrie de base. Beaucoup de secteurs, de l'électroménager à l'automobile, intègrent dans leurs produits des dispositifs micro-électroniques. D'autres y font appel pour automatiser leur production. Dans tous les cas, la micro-électronique contribue à accélérer le rythme du changement.

D'ici à la fin de la présente décennie, aucune industrie n'y aura échappé. Même un secteur comme la confection, dont on ne peut pas dire qu'il soit nouveau, connaîtra une véritable mutation. Les modélistes travailleront sur écran d'ordinateur et non plus sur papier. Quand ils auront fini le dessin d'une nouvelle robe, ils appuieront sur un bouton et en enverront le patron à un ordinateur implanté dans l'usine même. Là, des lasers extrêmement précis, commandés par ordinateur, effectueront la coupe. Ensuite, d'autres machines assembleront les morceaux pour confectionner la robe.

De nouveaux styles et de nouvelles modes arriveront sur le marché plus vite qu'auparavant. On peut imaginer que le lendemain même du jour où le modéliste aura fini son travail le vêtement pourra être en rayon chez les détaillants. Des signaux électroniques envoyés par l'ordinateur du modéliste donneront de nouvelles instructions à l'ordinateur de l'usine, et le laser fera le reste.

Ce type de système conférera aux fabricants une

souplesse incroyable. Jusqu'à présent, la plupart des vêtements sont fabriqués dans un nombre limité de coupes et de tailles ; cette organisation va être périmée. En effet, pour changer la taille ou la coupe d'une robe, par exemple, les fabricants n'auront qu'à reprogrammer le laser. Ainsi, la machine qui produit une taille 38 pourra tout aussi bien produire une taille 48.

Déjà, nous sommes en train de sortir de l'âge de la production en série pour entrer dans l'ère des produits personnalisés. Contrairement aux voitures noires sortant de la chaîne d'Henry Ford, les nouveaux produits existent en différents coloris, formes, tailles et variantes. Aujourd'hui, la diversité ne coûte pas plus cher que l'uniformité.

Dans ce nouvel environnement, les responsables du marketing doivent apprendre à considérer chaque client comme un cas individuel. Au fil du temps, les clients demanderont des produits de plus en plus diversifiés. Chacun veut être un peu différent, un peu particulier. Pourquoi, dans le secteur de l'automobile, les séries spéciales se vendent-elles si bien ? Sans doute parce que les automobilistes aiment se démarquer et avoir une voiture différente de la grande série.

On peut observer autour de soi la diversité croissante des produits : variété des véhicules sur la route, des vêtements portés dans la rue, par exemple. Aux Etats-Unis, un supermarché moyen compte dix mille produits ou références. Selon un article du *Wall Street Journal*, sept nouveaux produits alimentaires arrivent sur le marché tous les jours. Au cours des huit premiers mois de 1984, par exemple, neuf nouvelles barres de confiserie ont été lancées sur le marché.

La diversité des produits technologiques est encore plus grande. C'est par dizaines que les nouveaux produits arrivent sur le marché tous les jours. Les fabricants de semi-conducteurs répertorient dans leurs catalogues des milliers de types différents de puces ; par ailleurs, les rayonnages croulent sous le poids des catalogues de logiciels. Il existe dix mille programmes différents pour les ordinateurs personnels. Il y a des programmes pour gérer des porcheries et des programmes pour apprendre à lire aux petits enfants ; des programmes pour aider les entraîneurs de baseball à prendre des décisions et des programmes pour aider les réalisateurs de films à créer des effets spéciaux.

Parallèlement, les produits sont plus complexes que jamais. Lorsqu'un client achète un ordinateur, il doit comprendre quel type de périphérique et de logiciel il peut utiliser. Bien souvent, il est bloqué par l'embarras du choix. C'est comme si au supermarché la ménagère devait se préoccuper du type de lait qui va avec les différentes sortes de céréales.

Toutes ces tendances — accélération du rythme du changement, accroissement de la diversité, augmentation de la complexité lancent de nouveaux défis au marketing. Dans de nombreux cas, les entreprises se sentent très démunies, car elles sont confrontées à des situations totalement nouvelles, qui s'accompagnent de bien des risques et des incertitudes. De toute évidence, les chefs d'entreprises ont bien du mal à suivre le rythme du changement. C'est ce qu'a confirmé le magazine *Business Week* qui s'est penché sur ce qu'étaient devenues les entreprises excellentes mises en valeur par le bestseller *Le Prix de l'Excellence*. L'article de *Business Week*, publié en novembre 1984, révélait qu'un grand nombre de ces « excellentes » entreprises étaient en perte de vitesse. Pourquoi ? Parce qu'elles ont du mal à s'adapter à l'évolution du marché.

Un article du *Journal of Marketing* de 1981 parvenait aux mêmes conclusions. Lorsqu'il a préparé son article intitulé « Top Management's Concerns About Marketing : Issues for the 1980's », Frederick Webster a interrogé les dirigeants de vingt et une grandes sociétés parmi lesquelles Kodak, General Electric, General Foods, IBM et Mobil. Presque tous ont reconnu que des changements radicaux étaient nécessaires. D'après eux, les directeurs de marketing « ne font pas suffisamment preuve d'innovation et d'esprit d'entreprise dans leur réflexion et leur prise de décision ».

Par quoi les directeurs de marketing d'aujourd'hui pèchent-ils ? Selon Webster, on peut leur faire plusieurs reproches :

— Ils ne fournissent pas l'orientation et la stimulation appropriées aux activités de recherche et de développement et à la mise au point des produits.

— Ils n'exploitent ni ne développent les marchés pour les nouveaux produits résultant de l'effort de recherche et de développement.
— Ils ne définissent pas des méthodes nouvelles pour promouvoir des produits auprès des clients, malgré les hausses considérables des budgets publicitaires et les coûts de la force de vente.
— Ils ne sortent pas assez de leur coquille et ne prennent pas assez de risques.
— Ils n'innovent pas en matière de distribution ni dans d'autres domaines pour répondre à l'évolution des besoins des clients industriels qui opèrent à l'échelle multinationale.
— Ils n'affinent ni ne modifient le positionnement de leurs produits.

Dans nos missions de conseil, nous aidons les entreprises à résoudre ces problèmes. Avec chaque client, nous examinons les points forts, les attentes et les objectifs de l'entreprise. Ensuite, nous comparons les objectifs de l'entreprise aux attitudes, aux perceptions et aux tendances du marché. C'est ainsi que nous aidons l'entreprise à élaborer une stratégie de positionnement, c'est-à-dire un plan lui permettant de se faire une place exclusive sur le marché.

Dans la plupart des cas, j'essaie d'éviter les approches traditionnelles du marketing. Accroître l'effort publicitaire et multiplier les communiqués de presse ne résout pas les problèmes de marketing d'aujourd'. Les clients sont déjà submergés d'informations. Rares sont ceux qui se rappellent le titre du journal d'hier ou la couverture du dernier numéro de leur hebdomadaire habituel. Dans notre société, l'information est devenue surabondante.

Je crois, au contraire, qu'il faut comprendre le marché, avancer avec lui et forger des relations. L'information est éphémère, mais les relations gardent un caractère permanent extrêmement puissant dans un monde en mutation rapide. Les responsables ne se rappelleront peut-être pas du titre du journal d'hier, mais ils se souviendront des gens avec qui ils ont déjeuné le mois dernier et de ce que chacun a dit. En établissant des relations appropriées, une entreprise peut acquérir la crédibilité et la reconnaissance que ne lui apporterait jamais la publicité.

Parallèlement, j'incite les entreprises à considérer le marketing comme un processus pédagogique. En effet, la complexité et la diversité des produits d'aujourd'hui créent une confusion dans l'esprit de beaucoup de clients et les intimident. Lorsque les clients ne savent à quel saint se vouer, les entreprises se doivent de trouver les moyens de les éclairer. Lorsque les clients sont intimidés, les entreprises se doivent de les rassurer. Se contenter de vanter la vitesse ou la puissance du produit est inefficace.

Dans l'ensemble, les responsables doivent réfléchir autrement au marketing. Ils doivent se montrer créatifs, intelligents, agressifs et ouverts au changement. Il leur faut s'affranchir du passé. Beaucoup de secteurs abordent des territoires vierges et les études de cas ne leur sont pas d'une grande utilité. Il faut que les dirigeants essaient de nouvelles approches, de nouveaux comportements.

Toutes les statistiques et analyses du monde ne pourront jamais prédire ce qui va se passer en ces temps d'une grande richesse technologique. Il faut que les responsables apprennent à vivre avec cette incertitude. Il faut qu'ils apprennent à *sentir* le marché et ses tendances. Il faut qu'ils soient prêts à prendre des risques, et à limiter les dégâts si les choses tournent mal. Il faut qu'ils restent en contact étroit avec leurs clients et s'habituent à acquérir une connaissance intuitive du marché. L'intuition les mènera beaucoup plus loin qu'un ouvrage de statistiques.

Surtout, il faut que les dirigeants soient prêts à modifier leurs plans dès qu'ils décèlent un changement du marché. Les entreprises, les technologies et les produits changent constamment, il faut donc que les stratégies de marketing changent aussi. Commercialiser un produit est une expérience permanente ; rien n'est certain ; il faut constamment surveiller et s'adapter.

Dans cet ouvrage, nous développerons ces idées, et expliquerons comment les responsables peuvent assurer des positions solides à leurs produits dans un contexte de grande mouvance. Cet ouvrage porte plus particulièrement sur le marketing, mais son message est important pour tous les responsables. En effet, plus que jamais, il y a imbrication du marketing aux autres aspects de la gestion. Les problèmes de marketing ont une incidence sur toutes les autres fonctions de l'entreprise et, inversement, celles-ci ont une incidence sur la conception et la mise en œuvre des programmes de marketing.

Dans la plupart des entreprises, les fonctions de gestion sont compartimentées, les activités de marketing étant bien isolées des activités financières, de recherche et développement ou de la fabrication. Souvent, les gens ne se parlent même pas d'une fonction à l'autre. Ce cloisonnement est artificiel. Pour réussir dans l'environnement d'aujourd'hui, *tous* les managers doivent réfléchir au marketing.

Ceux qui conçoivent les produits doivent, par exemple, penser aux relations de marketing avec d'autres entreprises. Certains nouveaux produits font appel à une dizaine de technologies différentes, parfois même plus. Aucune entreprise ne peut être à la pointe de toutes les technologies nécessaires. En conséquence, il est indispensable de tisser des relations commerciales dès le développement du produit.

De même, activité financière et activité de marketing sont étroitement liées. Lorsque les clients achètent des produits complexes et coûteux, ils veulent pouvoir compter sur une assistance durable. Si une entreprise rapporte de mauvais résultats financiers, les clients potentiels risquent de se méfier. Inversement, des résultats financiers brillants attireront les clients en nombre croissant.

Dans les sept chapitres suivants, mon but est de montrer comment des entreprises peuvent appliquer des idées neuves en marketing à tous les niveaux de leur organisation. Dans ce cadre, le marketing est bien plus qu'une fonction de gestion, c'est un nouveau mode de pensée qui se diffuse dans toute l'entreprise. Ces idées neuves sont importantes pour tous les responsables qui doivent faire face au changement, et dans le monde des affaires d'aujourd'hui, qui n'est pas concerné ?

On voit des choses et on se demande pourquoi elles existent, moi je rêve de choses qui n'ont jamais existé et je me demande pourquoi pas.

GEORGE BERNARD SHAW

2 Un positionnement dynamique : l'idée-force du nouveau marketing

La réflexion dynamique

Si je vous dis « photographie instantanée », il est probable que vous penserez à Polaroïd. Si je vous dis « ordinateurs de pointe », il y a des chances pour que vous pensiez à Apple. Si je vous dis « photocopieurs de grande qualité », vous penserez sûrement à Xerox.

Chacune de ces sociétés a réussi à se positionner sur le marché. Chacune s'est fait une place unique pour elle-même et pour ses produits. Ce type de présence est une force puissante en marketing. De fait, au cœur de toute bonne stratégie de marketing, il y a une bonne stratégie de positionnement. Le marketing moderne est, dans une large mesure, une lutte pour le positionnement. Si les entreprises veulent adopter un nouveau style de marketing, adapté à l'évolution rapide qui caractérise notre époque, elles doivent commencer par une nouvelle approche du positionnement.

Un positionnement est toujours concurrentiel. Le client pense toujours à un produit et à une entreprise par rapport à d'autres produits et d'autres entreprises. Il garde une sorte d'échelle hiérarchique à l'esprit, à laquelle il se réfère pour décider et choisir. Lorsqu'on pense photocopieurs, on place Xerox au sommet de la hiérarchie, puis peut-être IBM et Ricoh. En aéronautique, c'est Boeing qui est au sommet de la hiérarchie. En électronique militaire, c'est Lockheed. Une fois qu'une position est acquise - qu'elle soit négative ou positive, en haut ou au bas de l'échelle — il est très difficile de la changer.

Le positionnement est indispensable à la réussite en marketing. Tous les aspects du marketing — commercialisation, publicité, fixation des prix, conditionnement, distribution, relations publiques — découlent directement du positionnement. Si les produits d'une entreprise sont mal positionnés, tout le reste de la stratégie de marketing sera vain.

Comment une entreprise peut-elle acquérir une position forte dans les marchés mouvants d'aujourd'hui ? Ce n'est pas facile. Les stratégies traditionnelles de positionnement sont inappropriées. En effet, elles ne tiennent compte ni de la technologie ni du changement. Elles partent du principe que le marché est statique, c'est-à-dire que les technologies, les produits et les perceptions des clients n'évoluent que très lentement. Pour les marchés d'aujourd'hui, il faut un nouveau modèle de positionnement. Il faut ce que j'appelle le « positionnement dynamique ».

Les stratégies de positionnement dynamique sont très différentes des stratégies de positionnement traditionnel. Selon le domaine traditionnel, une entreprise décide d'abord de la manière dont elle veut positionner son produit : elle peut souhaiter être perçue comme l'entreprise la moins chère du marché, ou bien celle qui offre la meilleure qualité. Ensuite, l'entreprise imagine un slogan qui résume le message voulu. Enfin, elle dépense de l'argent en publicité et autres promotions jusqu'à ce que le slogan s'impose et soit largement reconnu.

La rivalité Avis-Hertz est un exemple classique de positionnement traditionnel. Avis décida d'une position — le concurrent acharné — puis lança son slogan « We try harder », repris plus tard en français par « Décidés à faire mille fois plus ». Il fallut à Avis une campagne publicitaire menée tambour battant pour convaincre le public de son acharnement. Cette approche a donné de bons résultats parce que le secteur de la location de voitures est un marché assez statique. Ni les voitures, ni le service ne changent beaucoup d'une année sur l'autre. Si on loue une voiture, on loue une voiture. Les sociétés ne peuvent se différencier que par la publicité, les remises et les « plus » gratuits.

La situation est très différente dans les secteurs en évolution rapide : tout change, les produits, les marchés, les technologies, la concurrence. C'est un flux constant. Des mutations en profondeur interviennent tous les deux ou trois ans. Sans cesse de nouvelles entreprises, et des entreprises venant d'autres secteurs d'activité, tentent de s'imposer. Tous ces changements peuvent exercer une influence sur le positionnement sur le marché.

Les approches classiques du positionnement ne donnent pas nécessairement des résultats. Une société, numéro un aujourd'hui, n'est absolument pas sûre d'être encore le numéro un demain. Les nouvelles technologies peuvent du jour au lendemain transformer une position apparemment solide en une position fragile. Aucun effort publicitaire, si grand soit-il, ne peut éviter ce renversement de situation. Même avec les meilleurs slogans, une entreprise peut perdre sa position sur le marché.

La notoriété ne suffit plus. Un de mes associés a fait une analyse du slogan de la Federal Energy Administration — « Don't be fuelish » — l'équivalent de notre chasse au « gaspi ». Près de 80 % des personnes interrogées connaissaient le slogan, ce qui n'empêchait pas la consommation d'énergie d'atteindre des niveaux records. Le slogan était bon, mais les comportements restaient inchangés.

Pour survivre sur des marchés dynamiques, les entreprises ont, de toute évidence, besoin d'une nouvelle forme de positionnement. Il faut qu'elles adoptent des stratégies leur permettant de survivre aux turbulences du marché. Il faut qu'elles mettent en place des fondations solides qui ne risquent pas d'être emportées par la tempête.

Dès lors, les entreprises ne peuvent s'arrêter aux promotions et à la publicité. Il faut qu'elles comprennent la structure du marché, puis établissent des relations stratégiques avec d'autres sociétés et agents du marché. Il faut qu'elles tissent des relations avec des fournisseurs et des distributeurs, des investisseurs et des clients. Ces relations sont plus importantes que des prix compétitifs, des promotions spectaculaires ou même une technologie de pointe. En effet, l'évolution de l'environnement commercial peut rapidement modifier les prix et les technologies, mais des liens étroits peuvent durer toute une vie, voire plus longtemps.

Avec cette approche, le positionnement évolue progressivement. Le positionnement d'un produit ou d'une entreprise ressemble un peu à la personnalité d'un individu. Les bébés n'ont pas de vraie personnalité à la naissance, mais ils acquièrent progressivement des caractéristiques propres au fur et à mesure qu'ils grandissent. En cela, il subissent l'influence de leurs parents, puis de leurs amis, puis de l'école. Leur personnalité se modifie et se développe selon l'environnement qui les entoure.

Il en va de même avec le positionnement. Un produit ou une entreprise n'a pas d'emblée une signification intrinsèque, mais il en acquiert une au contact de son environnement, et il la modifie au fur et à mesure que l'environnement change. Si une société évolue, elle n'en reste pas moins la même, tout comme un enfant qui grandit reste le même enfant, mais la personnalité et le positionnement changent constamment.

Contrairement au positionnement traditionnel, le positionnement dynamique est un processus multidimensionnel. Il comporte trois volets indissociablement liés : le positionnement du produit, le positionnement sur le marché et le positionnement de l'entreprise. Ces trois volets, qui feront l'objet des trois prochains chapitres, sont imbriqués d'une façon parfois insidieuse, mais toujours importante. Chaque volet à la fois s'appuie et influe sur les autres. Correctement agencés, ils créent un tout bien supérieur à la simple somme de ses parties. Toutefois, si l'un d'eux présente une défaillance, c'est tout le processus de positionnement qui échoue.

Le premier volet, le positionnement du produit, correspond à la détermination par l'entreprise de la place que celle-ci aimerait donner à son produit sur le marché. Doit-elle lui faire une réputation pour son prix abordable ? Sa qualité remarquable ? Sa technologie de pointe ? Doit-elle essayer de vendre le produit à toutes les entreprises ? Ou seulement aux sociétés industrielles ? Ou peut-être seulement à certains types d'industriels ? Je conseille toujours aux entreprises de veiller tout particulièrement aux facteurs de

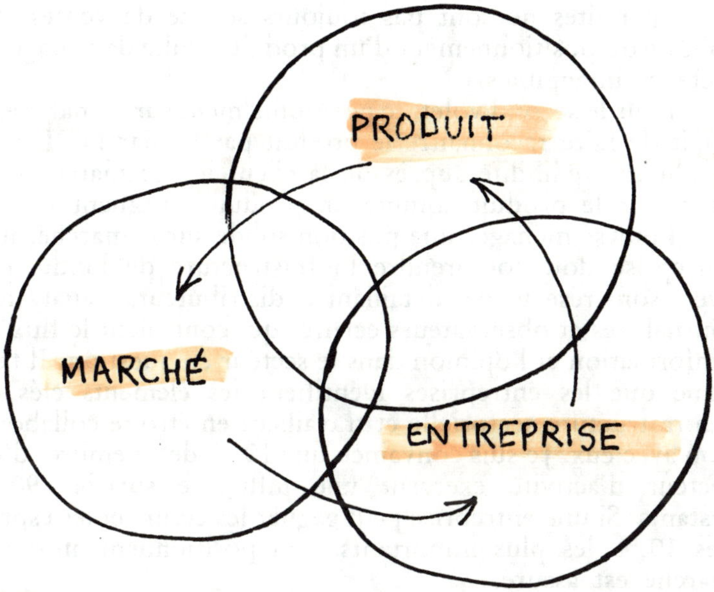

FIGURE 1 Positionnement dynamique

positionnement « intangibles » tels que le fait d'être à la pointe de la technologie ou la qualité du produit. Ces facteurs intangibles font appel aux perceptions des clients, et non aux statistiques ni aux chiffres. Le marketing n'est pas un processus strictement rationnel. Des bas prix et des spécifications parfaites ne sont pas toujours source de ventes. La solidité du positionnement d'un produit résulte davantage de facteurs intangibles.

Pour le second volet, le positionnement sur le marché, il s'agit de faire reconnaître le produit par le marché. Il doit établir sa crédibilité auprès de la clientèle. Le marché doit percevoir le produit comme un produit « gagnant ».

Pour se ménager une position solide sur le marché, une entreprise doit comprendre l'infrastructure de l'industrie, avec son réseau de détaillants, distributeurs, analystes, journalistes et observateurs éclairés qui contrôlent le flux de l'information et l'opinion dans le secteur en question. Il faut donc que les entreprises identifient les éléments clés de l'infrastructure sectorielle et travaillent en étroite collaboration avec eux. Je suis convaincu que 10 % des membres d'un secteur d'activité exercent une influence sur les 90 % restants. Si une entreprise peut gagner les cœurs et les esprits des 10 % les plus importants, son positionnement sur le marché est assuré.

Pour le dernier volet, le positionnement de l'entreprise, celle-ci doit positionner non pas ses produits, mais elle-même. A cet égard, ses résultats financiers jouent un rôle clé. En effet, si une entreprise est rentable, beaucoup de ses erreurs lui seront pardonnées, sinon oubliées. Mais si ses profits chutent, son image en sera ternie. Les clients hésitent à acheter des produits, surtout s'ils sont coûteux ou complexes, à une entreprise qui connaît des difficultés financières. Dans ce cas, l'entreprise doit repositionner ses produits et reconstruire sa position sur le marché.

Ce processus en trois volets doit être une activité à part entière. Il ne se limite pas à la publicité et aux relations publiques. Il fait partie intégrante de la planification de l'entreprise et doit bénéficier de l'appui de tous les responsables. Le positionnement dynamique est une sorte de fil d'Ariane qui touche toutes les activités de l'entreprise et les relie au marché. Ainsi, le positionnement dynamique peut exercer une influence majeure sur toutes les fonctions de l'entreprise :

La direction générale — Le positionnement peut exercer une influence sur les attitudes des cadres spécialisés. Les gens aiment travailler pour une entreprise à laquelle ils peuvent s'identifier, surtout si celle-ci est reconnue comme le numéro un de son secteur. Dans ce cas, l'expérience prouve qu'il lui est plus facile de recruter du personnel. Le positionnement peut aussi exercer une influence sur les relations que tisse l'entreprise avec les milieux financiers. Wall Street aime les sociétés qui ont une vision claire de leur rôle sur le marché.

La planification des produits — Les responsables de la planification des produits sont engagés dans une lutte permanente avec le changement. Une analyse régulière du positionnement peut fournir une orientation pour redresser les points faibles ou opposer des obstacles à la concurrence. Les responsables de la planification des produits doivent abandonner les techniques de marketing traditionnelles conçues pour acquérir des parts du marché au profit de nouvelles approches destinées à créer des marchés entièrement nouveaux.

Le marketing — Le marketing implique essentiellement une conscience du présent et une vision de l'avenir. Les responsables du marketing doivent comprendre le positionnement de l'entreprise, puis le projeter sur le marché par le biais de l'éducation et de la création de relations. Un positionnement solide permet à une entreprise d'entrer en relation avec des partenaires solides. Ces relations, à leur tour, contribuent à renforcer le positionnement de l'entreprise.

La vente — Avec un personnel des ventes efficace, ce sont les clients qui se multiplient et non pas seulement les commandes. Le positionnement ouvre des portes et sert d'orientation. Il confère au vendeur un tableau global lui indiquant où va l'entreprise, et pourquoi elle y va. Le vendeur est alors plus confiant et plus sûr de lui pour transmettre cette information aux clients.

La finance — Le positionnement et la solidité financière sont étroitement liés. Une entreprise bien positionnée peut trouver des capitaux plus facilement, et à des taux plus bas. Inversement, une entreprise solide sur le plan financier a beaucoup plus de facilité à positionner ses produits sur le marché.

Les nouvelles idées-forces

Au cœur du processus de positionnement dynamique se trouvent plusieurs idées-forces. Ce sont elles qui différencient celui-ci des approches traditionnelles. Elles influent sur chaque étape du processus et sont indispensables au succès d'une stratégie marketing.

Ces idées-forces sont en quelque sorte les pierres angulaires du processus de positionnement dynamique, auquel elles confèrent soutien et structure. Sans elles, le processus s'effondrerait.

Ces nouvelles idées-forces du positionnement sont les suivantes :

1. Le marketing doit être dynamique et non statique

Dans des secteurs en évolution rapide, le marketing revient un peu à guider un vaisseau spatial entre la terre et la lune, sans matériel de navigation sophistiqué. Dans les deux cas, la cible est toujours mouvante. La lune n'est pas immobile, pas plus que le marché. Et deux lancements vers la lune ne sont jamais identiques. Au cours du vol, il faut procéder constamment à des ajustements, en modifiant la trajectoire. Si la fusée (ou le produit) suit tout simplement une trajectoire rectiligne, elle manque la cible et échoue dans sa mission.

On peut pousser plus loin la métaphore, avec un petit effort d'imagination. Imaginons que la terre est l'entreprise qui vend le produit, et la lune le marché. Tout comme la terre et la lune exercent des forces gravitationnelles sur la fusée et influent sur sa trajectoire, l'entreprise et le marché exercent leur propre force gravitationnelle sur le produit et influent sur sa course.

Quelles sont donc les forces gravitationnelles qui s'exercent sur le produit ? Voyons d'abord les forces gravitationnelles de l'*entreprise*.

Les ressources financières — L'entreprise a-t-elle suffisamment d'argent pour soutenir l'effort de développement du produit ? Dans l'affirmative, a-t-elle aussi suffisamment d'argent pour soutenir le produit avec un marketing, un service et des produits périphériques appropriés ?

Le bon moment — Dans des secteurs en évolution rapide, les bonnes occasions peuvent disparaître très vite. L'entreprise va-t-elle lancer le produit sur le marché au bon moment ?

La technologie — L'entreprise dispose-t-elle de toute la technologie dont elle a besoin pour développer le produit ? Sa technologie est-elle à la pointe du progrès ?

Les hommes — Finalement, le facteur humain est l'ingrédient le plus important de la réussite. L'entreprise compte-t-elle dans ses effectifs des talents de premier plan ?

L'entreprise peut maîtriser toutes ces forces, au moins jusqu'à un certain point. Ces forces contribuent à enfoncer le produit, comme elles peuvent contribuer à le mettre en valeur.

Les forces gravitationnelles du *marché* exercent une influence sur le produit à l'autre extrémité de sa course. Elles attirent le produit, et l'aident à se positionner dans l'esprit de la clientèle. Elles lui confèrent une crédibilité ou l'en dépouillent. Ses forces sont notamment :

L'infrastructure du marché — L'infrastructure englobe tous ceux qui peuvent influencer la façon dont le produit est perçu : détaillants, distributeurs, analystes financiers, fabricants de produits connexes. L'appui de l'infrastructure est indispensable pour réussir.

Les relations stratégiques — Les entreprises peuvent nouer toutes sortes de relations : prises de participation, associations pour le développement de produits, accords commerciaux. La crédibilité d'une entreprise sur un marché est souvent subordonnée aux relations qu'elle établit. Par exemple, la crédibilité de Microsoft dans le secteur du logiciel a fait un véritable bond lorsqu'IBM a décidé d'adopter un système d'exploitation Microsoft pour son ordinateur personnel.

CID — Ce sigle signifie Crainte, Incertitude et Doute. Si les clients ont des craintes et des doutes au sujet d'un produit, celui-ci ne se vendra pas bien, même s'il est à la pointe de la technologie.

La séquence d'adaptation — Le marché s'adapte à une nouvelle technologie par étapes. Dans un premier temps, une poignée de clients résolument tournés vers le futur (les « innovateurs ») essaient la nouvelle technologie. Puis vient le gros de la clientèle suivi par les « retardataires ». Si un produit échoue au cours de cette séquence d'adaptation, cela hypothéquera certainement ses chances de succès (Cf. figure 8).

La concurrence — Les actions des concurrents peuvent faire d'un produit une réussite éblouissante, ou un échec fracassant. Ainsi, un produit peut être très prometteur lors de son lancement, mais se périmer du jour au lendemain parce qu'un autre produit faisant appel à une nouvelle technologie est annoncé par un concurrent.

Les tendances sociales — Les points de vue des partenaires sociaux peuvent exercer une forte influence sur le comportement d'un produit sur le marché. La montée des préoccupations écologiques, par exemple, a donné un fantastique coup de pouce aux produits concernant l'exploitation ou l'utilisation de l'énergie solaire.

Ces forces gravitationnelles se déplacent et changent constamment. Rien sur le marché n'est statique. Les responsables du marketing ne réussiront que s'ils évaluent en permanence ces forces gravitationnelles et réagissent à leurs variations. Etre concurrentiel sur un marché dynamique exige une stratégie de marketing dynamique.

2. Le marketing doit être axé sur la création de marchés et non sur le partage de marchés

Dans le domaine du marketing, la plupart des gens ont ce que j'appelle une « mentalité de part de marché ». Ils cernent les marchés existants, puis essaient d'imaginer un moyen d'en obtenir une part. Ils mettent au point des stratégies de publicité et de commercialisation. Toutes ces stratégies visent à arracher une part du marché à des entreprises concurrentes.

Or, dans des secteurs en évolution rapide, les hommes de marketing ont besoin d'une nouvelle approche. Au lieu de chercher à *partager* des marchés, il faut qu'ils s'attachent à en *créer* de nouveaux. Au lieu de chercher à se tailler un plus gros morceau du gâteau, ils doivent s'efforcer d'en faire un plus gros. Ou mieux encore, il faut qu'ils confectionnent de toutes pièces un nouveau gâteau.

Les stratégies de partage de marché et de création de marchés exigent des formes de réflexion très différentes. Les stratégies de partage du marché sont monnaie courante dans des secteurs de biens de consommation parvenus à maturité tels que les boissons gazeuses et la location de voitures. L'accent est mis sur la publicité, la promotion, les prix et la distribution. Le jugement des clients se fait essentiellement sur les prix et la disponibilité des produits. Le fournisseur disposant des meilleures ressources financières a toutes les chances de gagner.

Les stratégies de création de marchés sont très différentes. Dans ce cas, les managers se comportent comme des entrepreneurs. Ils ont mission de lancer de nouvelles idées, d'appliquer la technologie, d'éduquer le marché, de développer l'infrastructure de l'industrie et de créer de nouvelles normes. L'entreprise qui fait preuve de la plus grande innovation et créativité a toutes les chances de gagner.

Les stratégies traditionnelles de partage du marché ne donnent pas de bons résultats dans les secteurs naissants. En effet, au début, la plupart des nouveaux marchés sont très petits. Si les entreprises ne cherchent qu'à partager ces marchés, elles ne prendront jamais pied dans ces nouveaux secteurs. Elles jetteront un coup d'œil, s'apercevront que le « gâteau » est trop petit, et envisageront d'autres possibilités.

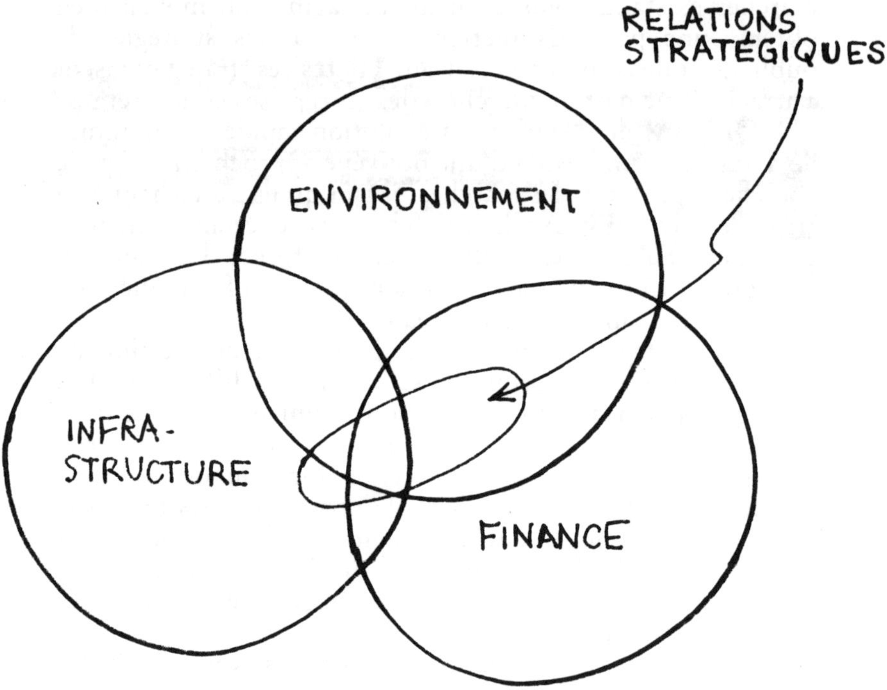

FIGURE 2 Principaux facteurs dynamiques

C'est exactement ce qui s'est passé avec les ordinateurs individuels. Des dizaines de grands constructeurs ont étudié le marché des ordinateurs bon marché vers le milieu des années 1970. A cette époque-là, ces ordinateurs s'adressaient essentiellement à des amateurs éclairés, c'est-à-dire des « fanas » de l'informatique qui adoraient bricoler des machines. Comme il n'y a pas tant de « fanas » que ça aux Etats-Unis, la plupart des constructeurs ont jugé que le marché était trop petit pour qu'ils puissent s'y faire une place.

Mais quelques constructeurs, comme Apple et Tandy, ont abordé ce secteur avec une mentalité de création de marché. Leur vision est allée au-delà des amateurs et ils ont pensé que des petits industriels et des cadres spécialisés pourraient bien utiliser ce type de machines, si seulement elles étaient conçues et commercialisées un peu différemment. Au lieu de s'attacher à ce qui *était*, ils se sont axés sur ce qui *pourrait être*. Ils ont vu la possibilité d'un marché de croissance, d'un gâteau qui grossirait, et ils se sont mis à œuvrer dans ce sens.

Lorsqu'ils créent de nouveaux marchés, les responsables du marketing se heurtent à beaucoup d'obstacles. Tout d'abord, il n'existe pas d'antécédents ni d'études de cas dont ils puissent s'inspirer. Lorsque les produits sont radicalement nouveaux et différents, les anciens produits ne constituent pas vraiment une référence.

Il n'y avait, par exemple, aucune analogie valable pour l'ordinateur personnel. De toute évidence, les ordinateurs individuels ne ressemblent pas du tout aux gros ordinateurs. Ils se vendent à des prix très différents et à une clientèle très différente. Certains ont comparé les ordinateurs individuels aux chaînes hi-fi, mais ces dernières sont beaucoup moins compliquées à utiliser que des ordinateurs. Le public ne passe pas des heures à apprendre à se servir d'une chaîne hi-fi, pas plus qu'il n'est effrayé et intimidé par ce type de produit, contrairement à ce qui se passe pour les ordinateurs.

Dans ce cas, les responsables du marketing doivent partir de zéro. Il faut qu'ils aient la volonté d'expérimenter et de prendre des risques. Il faut qu'ils essaient de nouvelles démarches et soient ouverts aux idées neuves. La créativité est la clé de la réussite sur les nouveaux marchés. Sur les marchés parvenus à maturité, le marketing ressemble un peu à une partie de handball : quelques joueurs réunis sur un terrain restreint. Mais sur les marchés naissants, le marketing ressemble plutôt à une partie de football : beaucoup de joueurs sur un vaste terrain, avec toutes sortes de possibilités et d'options.

Aux premiers jours de l'informatique individuelle, personne ne savait comment distribuer les nouvelles machines. La méthode classique de vente d'ordinateurs — par des équipes de représentants — coûtait beaucoup trop cher. Quiconque aurait eu une mentalité de partage du marché aurait abandonné ; mais quelques innovateurs ont persévéré. Certains ont essayé la vente par correspondance, d'autres le porte à porte. D'autres encore ont ouvert des boutiques spécialisées. En quelques années, plusieurs milliers de boutiques de micro-informatique se sont implantées dans tout le pays.

Si elles veulent créer de nouveaux marchés, il est indispensable que les entreprises acceptent de prendre le temps d'éduquer les clients. Lorsque les micro-processeurs ont été lancés sur le marché au début des années 1970, rares étaient les clients qui connaissaient la véritable valeur de ces nouvelles puces. Par nature, l'homme résiste au changement, et l'idée de puces programmables était alors tout à fait nouvelle. Beaucoup d'ingénieurs ont cru que le micro-processeur n'était qu'un gadget.

En conséquence, Intel, première société à commercialiser des micro-processeurs, a dû faire un énorme travail d'éducation. Elle a dû diffuser des publicités présentant des suggestions d'application du nouveau produit. Elle a distribué des brochures décrivant toutes sortes d'applications réelles allant des jeux électroniques aux analyseurs biologiques, et des trayeuses mécaniques aux satellites.

Surtout, Intel a organisé des séminaires à l'intention de clients potentiels. Au cours des premières années, Intel a animé des centaines de séminaires de ce type, dans le monde entier. A chaque séminaire, Intel commençait par présenter sa propre organisation ; cette tâche était généralement confiée à un membre de l'état-major. Ensuite, un directeur du marketing d'Intel faisait une présentation de la valeur marchande des produits comportant un micro-processeur. Enfin, des ingénieurs donnaient les détails techniques relatifs aux micro-processeurs. Pour la plupart, les premiers clients n'ont commandé que quelques puces, mais la campagne d'éducation s'est poursuivie et Intel a intéressé un nombre de plus en plus grand de gros utilisateurs.

Une mentalité de création de marché implique aussi que l'on regarde d'un autre œil les normes de l'industrie. Les entreprises doivent chercher à créer de nouvelles normes et non à respecter les normes existantes. Le risque est plus grand, mais la récompense peut aussi être plus grande.

C'est la voie qu'a adoptée Apple avec la mise au point de son ordinateur Macintosh. Au lieu de produire un « clone » de l'ordinateur personnel IBM, Apple a voulu mettre au point un nouvel ordinateur, beaucoup plus facile à utiliser. Pour cela, Apple a décidé de ne pas tenir compte de la norme qui s'était imposée en matière de système d'exploitation, MS-DOS, et a mis au point son propre système d'exploitation. Les risques étaient grands, à la mesure de la récompense potentielle. En fin de compte, le risque valait la peine d'être pris.

3. Le marketing doit être un processus de construction et non de promotion

En 1983, IBM a lancé son PC Junior en orchestrant une campagne promotionnelle à grand renfort de millions de dollars. Des spots publicitaires ont été diffusés à la télévision et des publicités ont paru dans des dizaines de magazines. Or, malgré tout cet effort de promotion, le PC Junior ne s'est pas bien vendu. Son clavier, très rudimentaire, en est sûrement en partie responsable. Mais il faut dire aussi que les revendeurs n'étaient pas enthousiasmés par la machine, et c'était tout aussi grave. La compagnie IBM s'était tellement préoccupée de conquérir l'esprit des clients qu'elle avait négligé de gagner le cœur des revendeurs et des observateurs de l'industrie.

Vers le milieu de 1984, IBM s'efforça de résoudre ce problème. Il fallait déjà revoir le clavier. En outre — et cette démarche était tout aussi importante — IBM invita tous ses revendeurs à une grande convention à Dallas. Des responsables de la compagnie donnèrent aux revendeurs des informations techniques, des conseils de vente et toutes les réjouissances d'une grande réception. Ils ont aussi écouté les questions et les doléances des revendeurs. Ceux-ci sont repartis de la convention avec une nouvelle attitude à l'égard d'IBM et une nouvelle motivation à l'égard du PC Junior. Quelques mois plus tard, les ventes du PC Junior commençaient à progresser régulièrement.

La morale de l'histoire ? La publicité et la promotion ne sont qu'une petite partie de la stratégie de marketing. La publicité peut renforcer une position sur le marché, elle ne peut pas la créer.

Pour s'assurer une position durable sur le marché, l'entreprise doit d'abord nouer des relations solides, et cela avec ses fournisseurs, ses grossistes, ses détaillants et les milieux financiers. Elle doit tirer parti de ce que j'appelle l'infrastructure de l'industrie, c'est-à-dire les hommes et les entreprises clés qui font marcher l'industrie.

J'aimerais établir une distinction entre l'orientation-*marketing* et l'orientation-*marché*. En effet, ces deux approches sont très différentes. Les premières sont fondées sur la publicité et la promotion, tandis que les secondes sont centrées sur le développement de produits forts, la compréhension de la structure du marché et l'établissement de relations avec d'autres personnes et entreprises sur le marché.

Les fabricants de biens de grande consommation adoptent généralement une orientation marketing. Ils ont une idée créative, puis ils la font valoir par l'intermédiaire de la publicité. Un fabricant de dentifrice qui veut accroître sa part de marché peut y parvenir en augmentant ses budgets de promotion et de publicité.

Beaucoup d'entreprises dont les produits font appel à la technologie ont essayé de reprendre cette formule. Ces dernières années, elles se sont précipitées pour débaucher des spécialistes en biens de grande consommation. C'est ainsi qu'Atari a attiré James Morgan de Philip Morris, Osborne Computer a sollicité Robert Jaunich de Consolidated Foods et Apple a engagé John Sculley de Pepsi.

D'autres constructeurs de produits technologiques ont commencé à dépenser des sommes phénoménales en publicité. TéléVidéo, espérant élargir le marché de ses ordinateurs, a décidé de consacrer vingt millions de dollars à la publicité. Même Rolm, qui vend des systèmes de communication sophistiqués, a lancé une campagne nationale à la télévision. Selon le magazine *Fortune*, aux États-Unis, la publicité pour l'informatique est passée de la quarantième place en 1942 à la quatrième place en 1983, derrière les produits alimentaires, les produits pharmaceutiques et les grands magasins.

Malheureusement, les formules simples des industries de grande consommation ne donnent pas de bons résultats dans les entreprises appartenant à des secteurs nouveaux en évolution rapide. Rolm a jeté sa campagne publicitaire aux oubliettes ; TéléVidéo s'est retiré du marché grand public ; Atari et Osborne ont vite été dépassés par les nouveaux leaders du marché. Sculley réussit chez Apple, mais seulement parce qu'il a concentré ses premiers efforts sur la stratégie des produits et non sur la publicité et la promotion.

Pourquoi l'approche traditionnelle ne marche-t-elle pas ? Essentiellement parce que les clients ont peur et éprouvent une grande confusion. Ils ne comprennent pas tous les changements qui interviennent dans les secteurs mouvants d'aujourd'hui. Ils ont l'impression que de nouvelles technologies apparaissent tous les jours. Des changements de réglementation, comme l'éclatement d'AT&T, suscitent la restructuration d'industries entières. Or, les clients ont besoin d'être sécurisés et rassurés.

Acheter un tube de dentifrice à 10 F ne comporte pas beaucoup de risques, mais acheter un système informatique de 200 000 F qui sera le cœur de votre entreprise comporte un risque majeur. Les clients se posent toutes sortes de questions : si l'ordinateur tombe en panne, est-ce que ce sera toute l'entreprise qui brusquement sera immobilisée ? Le constructeur assurera-t-il un service rapide et de grande qualité ? Mon nouvel ordinateur sera-t-il obsolète dans un an ? Dans ce cas, le constructeur lancera-t-il de nouveaux modèles, plus perfectionnés ? Quand mes activités vont se développer, mon fournisseur me proposera-t-il des extensions me permettant de passer à des systèmes de plus grande capacité ? Trouverai-je sur le marché les logiciels et périphériques dont je vais avoir besoin pour mon ordinateur ? Ce sont autant de craintes légitimes.

Un accroissement de l'effort publicitaire ne contribue pas à apaiser ces craintes : on est tellement inondé d'informations relatives aux produits, à l'heure actuelle. Avec cent cinquante ordinateurs personnels sur le marché, ce n'est pas la publicité qui entraînera la décision d'acheter telle machine plutôt que telle autre. Les acheteurs se fieront davantage aux conseils qu'ils pourront glaner auprès de revendeurs, de consultants et d'amis.

Il ne suffit pas de présenter une image brillante ; encore faut-il avoir quelque chose de concret à offrir. Si les produits des sociétés de haute technologie ne suivent pas, le progrès technologique les laissera vite mordre la poussière, quelle que soit l'ampleur de leur effort publicitaire et promotionnel.

C'est pourquoi les entreprises appartenant à des secteurs technologiques doivent adopter des approches dont le moteur est le marché et non le marketing. Elles doivent se concentrer sur la substance avant de s'intéresser à l'image, car c'est la substance qui soutient l'image. Elles doivent établir des relations avec des membres de l'infrastructure susceptibles de soutenir et d'implanter leurs produits. Au lieu de chercher à atteindre des clients par le biais d'une campagne publicitaire tapageuse, elles ont intérêt à gagner les clients indirectement, par l'intermédiaire des revendeurs, des analystes et des autres membres de l'infrastructure de l'industrie.

Jim Morgan, président d'Applied Materials, constructeur de matériels équipés de semi-conducteurs, a dit un jour : « L'image, c'est la somme de ce qu'on fait sur le marché ». Morgan n'est pas un homme de marketing, mais ses instincts en affaires sont sûrs. Si une entreprise propose un produit solide et établit de bonnes relations, son image suivra.

4. Le marketing doit être qualitatif et non quantitatif

Les hommes d'affaires adorent les chiffres. Les chiffres les sécurisent. Mais sur les nouveaux marchés, les chiffres sont rarement fiables, et les responsables du marketing qui s'en tiennent aux chiffres n'ont guère de chances de réussir.

Dans de nombreux cas, les analyses quantitatives se fondent sur le passé pour prédire l'avenir. Or, nous vivons à une époque où l'avenir ne ressemble presque jamais au passé. Il est extrêmement difficile de tenir compte du progrès technologique, et l'extrapolation dans l'avenir des tendances d'aujourd'hui ne marche presque jamais.

C'est un problème auquel sont confrontées les entreprises depuis l'aube de l'ère de l'informatique. Dès 1945, des constructeurs d'ordinateurs ont procédé à des estimations du marché mondial total : ils l'ont évalué à plusieurs douzaines d'ordinateurs. C'est tout. Plusieurs douzaines d'ordinateurs pour le monde entier. Ils n'avaient tout simplement pas anticipé la prolifération des nouvelles applications, ni la baisse considérable du prix des machines.

Mitch Kapor, auteur du logiciel 1-2-3 qui a fait un malheur, s'est heurté à un problème identique à l'époque où il élaborait son plan initial pour ce progiciel intégré. Il mit au point son plan pour un cours qu'il suivait à la Sloan School of Management du MIT à la fin des années 1970. Kapor n'obtint pas la note maximum pour son projet, en partie parce qu'il n'avait fait aucune enquête statistique.

Qu'aurait-il trouvé s'il avait procédé à une enquête statistique ? Probablement l'absence totale de demande pour son produit. En fait, très peu de grandes entreprises étaient équipées d'ordinateurs individuels à cette époque-là. Mais Kapor avait un sens du marché. Il savait que les grandes entreprises finiraient par acheter des ordinateurs individuels et qu'alors elles auraient besoin de son programme.

Kapor a suivi ce que j'appelle une approche *qualitative* du marché. Il s'était entretenu avec des gens sur le marché ; il avait compris leurs besoins à un niveau humain. Une approche qualitative du marché peut comporter de nombreux volets ; elle va au-delà des chiffres pour explorer les tendances et les attitudes qui font les chiffres. Une telle approche s'intéresse aux attitudes des clients et aux relations personnelles. Seule une compréhension qualitative du marché permet aux responsables du marketing d'espérer anticiper l'avenir.

Les nuances du marché échappent aux statistiques brutes. Une enquête peut révéler que 60 % de tous les clients

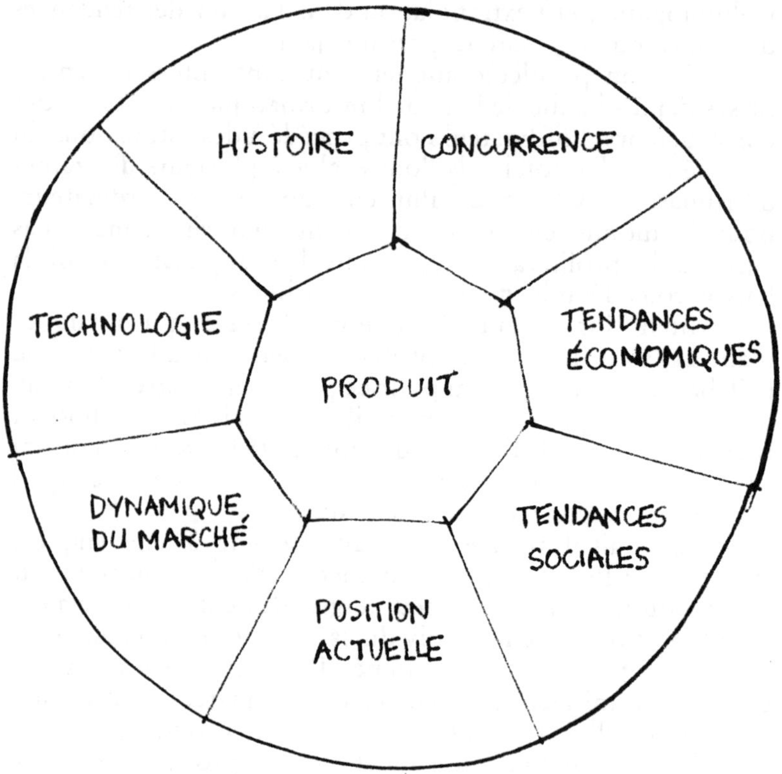

FIGURE 3 L'environnement définit le produit

utilisent un produit de l'entreprise, mais une approche qualitative pourrait faire apparaître que les clients ne sont pas satisfaits du service assuré par l'entreprise et que beaucoup envisagent de faire appel à un concurrent.

Robert Kennedy a dit un jour, au sujet des mesures du Produit National Brut, que l'on peut tout mesurer sauf ce qui vaut la peine de l'être. Pourtant, au fur et à mesure qu'elles se développent, les entreprises ont tendance à faire de plus en plus confiance à des techniques quantitatives. Elles s'enferment dans des chiffres et des abstractions. Et elles se retrouvent finalement avec des produits qui ne répondent pas aussi bien aux besoins du marché que les produits fabriqués par de vrais entrepreneurs. La créativité se trouve en quelque sorte exclue du système.

On a davantage besoin d'entreprises qui agissent comme les entrepreneurs. Les meilleurs entrepreneurs ne se préoccupent pas des projections statistiques du marché. Ça leur est bien égal que les projections fassent état d'un marché de cinquante millions de dollars ou de cinq cents millions de dollars. Ils élaborent leur stratégie d'une manière qualitative. Ils se contentent de prendre les bonnes idées, de les convertir en produits, puis d'ajuster en permanence les produits aux besoins du marché.

Une approche qualitative est aussi importante en matière de vente. Beaucoup d'entreprises de technologie essaient de vendre leur produit en faisant valoir des spécifications quantitatives : temps d'accès de tant de nano-secondes ou une capacité de tant de kilo-octets.

Or, les clients ont tendance à fonder leur choix sur des paramètres plus qualitatifs : le service, la fiabilité et la réputation, par exemple. Si un constructeur se fait approuver par un observateur éclairé, il a toutes les chances de réussir, même si son produit est de quelques nano-secondes plus lent que celui de ses concurrents.

Pour adopter une approche qualitative du marketing, il faut que les responsables comprennent ce que j'appelle l'environnement du marché. Cet environnement englobe toutes les forces gravitationnelles évoquées dans l'analogie terre-lune, à savoir les tendances sociales, les relations et la

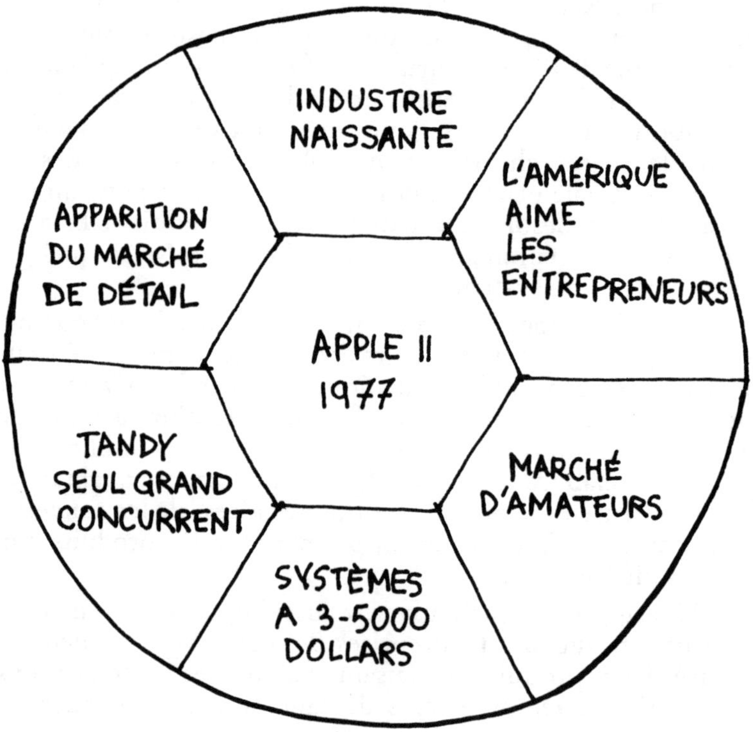

FIGURE 4 **Environnement des ordinateurs personnels en 1977**

concurrence. Chacune de ces forces (Cf. figure 3) influe sur la manière dont les clients perçoivent le produit.

Souvent, les approches quantitatives du marketing ne tiennent pas compte de l'environnement. Elles considèrent le produit comme un objet isolé susceptible d'être défini en termes statistiques et techniques. Mais, dans la réalité, les produits ne sont pas des objets isolés, ils n'existent que dans le contexte de leur environnement. Les approches qualitatives du marketing s'appuient sur cet environnement pour comprendre les produits et les marchés.

L'environnement agit comme une lentille au travers de laquelle le client voit le produit. Si l'environnement change, la perception du produit par le public change aussi, même si le produit lui-même n'a pas changé du tout. Si la technologie progresse, les produits qui étaient auparavant à l'avant-garde commencent à se banaliser. Si les prix baissent, les produits qui auparavant semblaient bon marché commencent à paraître chers.

Pour commercialiser un produit efficacement, il faut que les responsables du marketing comprennent le fonctionnement de l'environnement. Il faut qu'ils soient réceptifs aux tendances et aux perceptions. Il faut qu'ils comprennent l'interaction des différentes forces qui entrent en jeu dans l'environnement et qu'ils soient à l'affût de toute modification de ces forces. En fait, il faut qu'ils voient leurs produits comme les clients les voient, au travers de la lentille de l'environnement.

Reprenons l'exemple des ordinateurs personnels. La figure 4 montre l'environnement du marché qui a entouré le lancement de l'Apple II en 1977. Le secteur de l'informatique individuelle en était encore à ses balbutiements, la concurrence était faible et les opportunités innombrables. Les « fanas » étaient les principaux clients, et les boutiques de micro-informatique commençaient à ouvrir.

L'environnement convenait parfaitement à Apple. A cette époque, les nouvelles étaient très mauvaises dans beaucoup d'autres secteurs. Les sociétés japonaises commençaient à dominer les secteurs de l'automobile et de l'électronique grand public, et faisaient déjà des incursions remarquées dans le secteur des semi-conducteurs. Le public et les journalistes américains aspiraient à entendre de bonnes nouvelles.

Apple a exploité cet environnement. La société s'est présentée comme un symbole d'espoir pour l'avenir. C'était une étoile dans un ciel terne et plutôt déprimant. L'Amérique commençait à voir dans les entrepreneurs les sauveurs du capitalisme américain, c'est pourquoi Apple a tablé sur le « conte de fée » de ses fondateurs dynamiques, Steve Jobs et Steve Wozniak. Combien de fois les responsables des relations publiques d'Apple n'ont-ils raconté l'histoire des deux Steve travaillant la nuit dans leur garage ?

D'autres constructeurs d'ordinateurs personnels ont mis l'accent sur les spécifications techniques de leurs produits, et préparé des présentations très élaborées sur les différences techniques entre les marques. Mais Apple s'est rendu compte que l'environnement n'était pas concurrentiel. Ce secteur ne faisait que naître, et il y avait de la place pour tout le monde. Le grand défi, c'était plutôt d'attirer de nouveaux types d'utilisateurs. C'est pourquoi Apple souligna le caractère ludique et le grand potentiel de la nouvelle technologie.

Finalement, le monde de l'informatique individuelle en 1977 était caractérisé par l'absence de menaces et une grande curiosité. Apple a adopté une approche qualitative du marketing, et a fait de l'Apple II un fantastique succès.

Les quatre idées-forces qui doivent servir de guide tout au long du processus de positionnement sont donc :

1. Le marketing doit être dynamique et non statistique.
2. Le marketing doit être axé sur la création de marchés et non sur le partage de marchés.
3. Le marketing doit être un processus de construction et non de promotion.
4. Le marketing doit être qualitatif et non quantitatif.

Dans les trois prochains chapitres, nous étudierons chacun des trois volets du processus de positionnement — le positionnement du produit, le positionnement sur le marché et le positionnement de l'entreprise — en montrant comment les entreprises peuvent appliquer les nouvelles idées-forces pour élaborer une stratégie de marketing gagnante.

Il n'y a pas de produit banalisé. Tous les biens et services sont différenciables.

THEODORE LEVITT

3 Positionnement du produit : les quatre règles d'or

Première étape

A l'époque où Monolithic Memories était encore une toute jeune société, son président, Zeev Drori, vint me demander des conseils en marketing. Il pensait qu'il fallait lancer une campagne publicitaire pour donner à Monolithic la réputation de fournisseur fiable. Il m'expliqua : « Je ne voudrais pas qu'on croit que nous venons juste d'ouvrir ». Je le regardai et lui dis en riant : « Mais vous venez juste d'ouvrir ! »

A l'instar de Monolithic, beaucoup d'entreprises cherchent à mettre la charrue avant les bœufs. Elles veulent être reconnues sur le marché et avoir une réputation avant même d'avoir lancé un produit. Ce n'est pas comme ça que fonctionne le marché. Je dis toujours aux entreprises que le processus de positionnement doit commencer par les produits eux-mêmes. Le positionnement du produit doit être la première étape.

L'idée sous-jacente au positionnement du produit est simple. Pour conférer à un produit une position forte, l'entreprise doit le différencier de tous les autres produits existant sur le marché. L'objectif est de conférer au produit une position unique.

L'entreprise dispose de nombreux critères pour différencier ses produits : la technologie, le prix, l'application, la qualité, les canaux de distribution et la cible, pour n'en citer que quelques-uns. Un fabricant de cigarettes, par exemple, peut vouloir maintenir ses prix au-dessous de ceux de ses concurrents ; mais il peut aussi avec ses cigarettes s'adresser à un public particulier, comme Virginia Slims fabrique des cigarettes pour dames. On pourrait aussi imaginer qu'il essaie un nouveau circuit de distribution, et tente peut-être de vendre des cigarettes par correspondance.

Dans certains secteurs, comme celui des logiciels pour ordinateurs personnels, la recherche d'une position unique peut être extrêmement difficile. Il existe en effet plus de dix mille sociétés qui créent et vendent des programmes pour ordinateurs personnels, et elles sortent des centaines de nouveaux produits chaque année. La plupart des programmes se perdent dans la multitude, et beaucoup ne parviennent même pas jusqu'aux rayons des revendeurs.

Comment une entreprise peut-elle acquérir une position forte dans un tel secteur ? Ce n'est pas facile, c'est même de plus en plus difficile. Néanmoins, c'est possible. Quand je conseille des entreprises sur le positionnement de leurs produits, j'insiste sur quatre points clés.

Premièrement, il faut que l'entreprise appréhende les tendances du marché et sa dynamique. Je dis souvent à mes clients qu'ils ne peuvent positionner leurs produits tout seuls. *C'est le marché, en fait, qui positionne les produits.* Si les entreprises comprennent le fonctionnement du marché, elles peuvent exercer une influence sur la manière dont le marché va positionner leurs produits.

Deuxièmement, l'entreprise doit veiller aux paramètres de positionnement « intangibles ». Beaucoup trop de fournisseurs essaient de vendre leurs produits en en faisant valoir le prix ou les spécifications techniques. Il est beaucoup plus efficace de se faire une place sur la base de facteurs intangibles tels que la qualité ou l'avance technologique.

Troisièmement, l'entreprise doit cibler son produit. Elle ne doit pas chercher à répondre à tous les besoins de tout le monde, mais plutôt s'appliquer à trouver un créneau. Peut-être doit-elle ne vendre le produit qu'à un secteur donné, ou bien se spécialiser dans une application du produit. Quel que soit le créneau choisi, l'entreprise doit le desservir mieux que quiconque.

Enfin, l'entreprise doit être prête à procéder à des expérimentations. Avec de nouveaux types de produits, personne ne peut être certain à l'avance du meilleur positionnement. L'entreprise doit procéder à des expérimentations, puis surveiller la réaction du marché. Si les utilisateurs suggèrent des modifications, elle doit redresser le cap et ajuster ses stratégies.

Ces quatre idées sont les règles d'or du positionnement d'un produit. Dans ce chapitre, je vais analyser successivement chacune de ces quatre règles, en les resituant dans le processus de positionnement.

Compréhension de l'environnement

Imaginons des vins de deux marques différentes. Tous les deux proviennent des mêmes cépages, ont vieilli dans la même cave, ont été mis en bouteilles dans le même type de flacons. Identiques en tous points. Il pourrait paraître impossible de les différencier l'un de l'autre.

Mais imaginons maintenant que l'une des marques soit vendue en supermarché tandis que l'autre est distribuée dans les épiceries fines et servie dans des grands restaurants. Ces deux vins ne sont plus identiques. Celui qui est vendu en supermarché est perçu comme un vin quelconque, tandis que l'autre est perçu comme un grand vin.

Cet exemple illustre la puissance de l'environnement du marché. C'est en effet l'environnement qui « définit » le produit. On ne peut pas voir un produit isolément. Les éléments de l'environnement — tendances de la technologie, dynamique du marché, concurrence, tendances économiques et sociales influent sur la manière dont la clientèle perçoit le produit.

Les entreprises ne peuvent se contenter d'envoyer sur le marché un message de positionnement ; elles doivent travailler avec l'environnement pour différencier et positionner leurs produits. Il faut qu'elles comprennent ce qu'il y a dans la tête des gens, quels sont leurs préjugés, leurs goûts et leurs dégoûts, et ce qu'ils veulent entendre. Ensuite, il faut qu'elles positionnent leurs produits de sorte qu'ils correspondent aux attitudes du marché.

Même si deux produits ont des caractéristiques identiques et des prix également identiques, les clients peuvent très bien les percevoir différemment. Il se peut que l'entreprise qui fabrique l'un des produits ait une meilleure réputation de qualité, ou bien qu'elle compte des investisseurs plus connus, ou encore qu'elle ait des références plus impressionnantes. Quoi qu'il en soit, l'environnement contribue à faire paraître très différents des produits apparemment identiques.

C'est vrai des ordinateurs comme des vins. Un même ordinateur est perçu d'une certaine manière s'il est vendu en supermarché, et d'une autre manière s'il est vendu dans une boutique spécialisée. Dans le premier cas, il est identifié à un jeu, dans le second, il ressemble à un outil de gain de productivité.

Le moment aussi est critique, car les perceptions des clients évoluent au fil du temps. Un ordinateur domestique à trente mille francs aurait été perçu comme une machine bon marché en 1977, et chère en 1984. Au fur et à mesure que les conditions du marché changent, les perceptions des clients changent, et les définitions des produits changent aussi. La définition d'un produit réside, dans une grande mesure, dans l'esprit des témoins.

L'astuce du positionnement consiste donc à exploiter efficacement l'environnement du marché. Il faut que les entreprises se servent de l'environnement pour faire en sorte que leurs produits aient l'air uniques. Le spécialiste du marketing de la Harvard Business School, Theodore Levitt, a développé ce point dans un article dans lequel il explique : « La situation économique, les stratégies des entreprises, les désirs des clients, les conditions de la concurrence et bien d'autres paramètres encore contribuent à déterminer ce qui définit le produit. Une chose est certaine : il n'existe pas de produit banalisé. En tout cas, il ne devrait pas y en avoir ».

Les entreprises qui réussissent tiennent toujours compte de l'environnement lorsqu'elles essaient de positionner leurs produits. Le cas d'Intel et de la « crise du logiciel » en est un exemple. Au début des années 1980, Intel remarqua que ses clients s'inquiétaient de plus en plus du coût et de la productivité du développement du logiciel. Pour que les micro-processeurs d'Intel soient utiles à un plus grand nombre d'utilisateurs, il fallait que les entreprises mettent au point une vaste gamme de logiciels. Or, le développement du logiciel est un processus lent, coûteux et gros consommateur de main-d'œuvre. Les entreprises considéraient qu'elles n'avaient ni le temps, ni l'argent, ni le personnel, pour mettre au point tous les nouveaux programmes dont elles avaient besoin.

Le président d'Intel, Andy Grove, appréhenda cet environnement et lança le terme « crise du logiciel » pour le décrire. Il expliqua comment les produits Intel pouvaient contribuer à sortir de la crise ; il sélectionna quelques nouvelles puces Intel, et intégra dans le silicium du substrat quelques éléments de logiciel, allégeant ainsi la tâche des créateurs de programmes. Il a ainsi réussi à positionner les produits Intel comme des solutions apportées à la crise du logiciel.

Dès lors que les entreprises entrevoient des changements de l'environnement, elles doivent changer le positionnement de leurs produits. Prenons le cas de Measurex. Au début des années 1970, Measurex vendait un calculateur numérique à des fabricants de papier. A l'aide de la machine Measurex, ceux-ci pouvaient produire davantage de papier à partir de la même quantité de matière première. Les clients considéraient ce produit comme un outil d'accroissement de la productivité et Measurex renforça cette image par le biais de sa publicité et de sa méthode de vente.

Cependant, en 1973, le premier choc pétrolier provoqua une véritable mutation de l'environnement. En effet, la fabrication de papier consomme beaucoup d'énergie, et la hausse des prix du pétrole a brusquement menacé la rentabilité de cette industrie. En réaction au changement de cet environnement, Measurex a repositionné son produit. Sa publicité est devenue : « Avec Measurex, la société XYZ va économiser cent barils de pétrole par jour ».

En fait, Measurex a redéfini son produit comme un moyen d'économiser de l'énergie. Les fabricants de papier ont acheté des machines Measurex pour économiser de l'énergie, et le chiffre d'affaires de Measurex a continué de croître. Matériellement, le produit était le même qu'auparavant, mais il répondait à une nouvelle définition et à une nouvelle position sur le marché.

D'autres entreprises devraient faire de même. Dans des secteurs dynamiques, l'environnement change généralement d'une année sur l'autre. Il faut que les entreprises surveillent en permanence l'environnement afin de déceler tout changement de perception et d'attitude des clients. Alors, comme Measurex, elles pourront adapter leur stratégie de marketing au nouvel environnement.

Importance des paramètres intangibles

Les entreprises adorent comparer les produits. Il n'est pas rare qu'une société prétende que son produit est le moins cher du marché, ou qu'il a une puissance de 25 % supérieure à celle des produits concurrents. Il est de fait qu'un nombre incroyable de stratégies de positionnement sont axées sur le prix et les spécifications techniques.

Toutefois, ces approches présentent de graves inconvénients. Les entreprises ont bien intérêt à se fonder sur ce que j'appelle les paramètres intangibles tels que la fiabilité et le service. Contrairement aux prix et aux spécifications techniques, les paramètres intangibles ne se prêtent pas à l'établissement d'un tableau comparatif. Ils ne sont pas faciles à mesurer ou à quantifier ; mais cela ne les empêche pas d'être des leviers de positionnement beaucoup plus puissants.

Pourquoi les paramètres intangibles sont-ils si puissants ? Voyons d'abord pourquoi les prix et les spécifications techniques sont si inefficaces à cet égard. Se battre sur les prix pose toutes sortes de problèmes. Les produits bon marché sont souvent perçus comme des produits de mauvaise qualité, surtout sur les marchés des biens de grande consommation. Les consommateurs considèrent que bon marché est synonyme de mauvaise qualité. En outre, les fournisseurs qui vendent à bas prix risquent toujours de se faire doubler par un concurrent qui proposera un prix encore plus bas.

Le marché des montres à affichage numérique en est un

bon exemple. Les premières montres numériques, lancées en 1972, se vendaient près de mille francs. Mais des fabricants de montres numériques se sont battus sur les prix, ce qui a eu pour effet de les faire baisser. Bientôt, les prix sont tombés à cinq cents francs, puis à deux cent cinquante francs, puis à moins de cent francs. Les ventes de montres numériques ont augmenté, mais comme pratiquement plus personne ne réalisait de bénéfices, beaucoup d'entreprises ont purement et simplement disparu.

L'idée de la courbe d'apprentissage, ou courbe d'expérience, encourage ce type de comportement. Une stratégie de type « courbe d'apprentissage » implique une logique en deux étapes : dans un premier temps, une entreprise baisse ses prix pour augmenter son volume de vente et accroître sa part de marché ; ensuite, elle tire parti des économies d'échelle et de son expérience de la production en série pour abaisser ses coûts de fabrication. Les prix sont plus bas, et les coûts aussi.

Malheureusement, cette belle logique s'effondre lorsque plusieurs entreprises jouent le même jeu en même temps. Les prix s'effondrent plus vite que prévu, entraînant les profits dans leur sillage. Les fabricants de mémoires à semi-conducteurs se sont lancés dans ce type de bataille des prix plusieurs fois, et personne n'y a gagné.

Le positionnement fondé sur les spécifications techniques pose les mêmes problèmes. Les fournisseurs qui positionnent leurs produits sur le plan de la vitesse ou de la puissance se heurtent vite à des difficultés. Les percées technologiques sont souvent de courte durée. Des laboratoires de recherche mettent au point de nouvelles technologies tous les jours, et de nouvelles sociétés se précipitent pour les commercialiser. Les produits passent de la pointe de la technologie à l'obsolescence beaucoup plus vite qu'auparavant. En fin de compte, les entreprises qui doivent la vie aux spécifications techniques leur doivent aussi souvent leur mort.

Un autre problème se pose : les fournisseurs qui se servent des spécifications techniques comme d'un levier de positionnement, omettent souvent de tenir compte de l'environnement du marché. Pour elles, la démarche de positionnement est un processus analytique portant sur des comparaisons de produits. Elles établissent d'immenses tableaux montrant que le produit A peut enregistrer cinquante kilooctets de plus que le produit B, ou peut-être que le produit A peut exécuter certaines tâches en cinq nano-secondes de moins que le produit B. Ces comparaisons ne sont pas inintéressantes, mais elles ne sont que le point de départ du processus de positionnement, et non l'aboutissement.

En fait, des différences techniques étroites entre des produits ne passionnent pas les clients. Rares sont ceux qui achètent des ordinateurs individuels et qui comprennent les différences techniques entre une machine et ses cent cinquante concurrentes. En outre, ça leur est égal.

Les clients sont beaucoup plus sensibles aux paramètres qualitatifs tels que la réputation de leader technologique et la qualité du produit, le service et l'assistance. Ce n'est pas facile pour une entreprise de positionner un produit sur la base de paramètres intangibles, car il faut mettre une certaine aura autour du produit. Si elle y réussit, cela aura pour effet d'attirer les clients et elle pourra leur faire payer plus cher.

La société allemande Zeiss, par exemple, s'est taillé une réputation de numéro un en matière de technologie optique. Ses microscopes et télescopes sont perçus comme les meilleurs existant sur le marché, et cette image se répercute sur d'autres produits. Certaines lunettes de soleil Zeiss se vendent plus de mille francs, non pas parce qu'elles présentent des caractéristiques particulières, mais en raison de la réputation de Zeiss en optique de qualité.

La puissance du positionnement fondé sur des éléments intangibles m'est apparue nettement il y a quelques années, alors que j'effectuais une étude de marché pour Intel. Dans le cadre de cette enquête, je me suis entretenu avec plusieurs ingénieurs sur une certaine puce de mémoire. Je me rappelle avoir demandé à l'un d'eux pourquoi il avait choisi la puce Intel. Il s'agissait d'un produit très technique, et on pouvait s'attendre à ce que l'ingénieur réponde dans un jargon technique : « Cette mémoire a un temps d'accès de tant de nanosecondes », ou encore, « sa dissipation thermique n'est que de tant et tant ».

Il n'en a rien été. L'ingénieur m'a expliqué que sa société achète pratiquement toutes ses puces chez Intel, il lui paraissait donc naturel d'acheter également la nouvelle puce à Intel. Avait-il procédé à une évaluation du nouveau produit ? Pas vraiment. « Nous avons l'habitude d'acheter Intel parce que nous avons établi avec eux des relations d'affaires, m'expliqua-t-il. Nous savons ce qu'ils valent et nous leur faisons confiance. »

J'ai fait la même expérience avec deux petits constructeurs d'ordinateurs. Chacun d'eux intégrait dans ses produits des semi-conducteurs japonais. J'ai demandé au président de chaque société pourquoi il achetait des puces japonaises. Dans les deux cas, la réponse a été la même : « la qualité ». Je leur ai alors demandé s'ils avaient procédé à des essais comparatifs. La réponse a été négative. J'ai demandé s'ils procédaient à des inspections à la livraison. Là encore, la réponse était non. Et pourtant, ils étaient convaincus que les puces japonaises étaient de meilleure qualité. Après tout, les Japonais n'ont-ils pas une réputation de fabrication de grande qualité ? De telles situations sont loin d'être rares. La plupart des décisions d'achat sont prises de la même manière. Les directeurs de produits passent des jours, voire des semaines, à établir des tableaux et des graphiques afin de comparer des produits sur la base des spécifications et des prix. Pourtant, les décisions d'achat sont rarement fondées sur ces paramètres objectifs. Les comparaisons de produits les plus importantes se font dans l'esprit de ceux qui se trouvent sur le marché et, dans l'esprit des gens, ce sont les paramètres incorporels qui comptent.

Comment une entreprise peut-elle se positionner sur la base d'éléments intangibles ? Intel en donne un bon exemple. En effet, Intel a réussi à positionner ses produits à la pointe de la technologie dans le secteur des semi-conducteurs. Intel n'a pas fait valoir les spécifications techniques de ses produits. De fait, les puces de ses concurrents présentent souvent des caractéristiques techniques supérieures. L'image d'Intel, à la pointe de la technologie, repose sur son personnel et ses procédés de production. Ses dirigeants — Bob Noyce, Gordon Moore et Andy Grove — ont derrière eux une longue liste de références, et ils ont souvent été les porte-parole de l'industrie des semi-conducteurs. Ce que voient les concurrents et les clients, ce sont Noyce, Moore et Grove, les trois meilleurs spécialistes de l'industrie.

Intel a également convaincu ses clients que sa technologie de traitement HMOS est la meilleure qui soit. Cette démarche a porté ses fruits, car même si d'autres fabricants lancent des puces plus rapides et plus denses que les puces Intel, Intel continue d'être considéré comme le numéro un du secteur. La qualité des spécifications à elle seule ne suffit donc pas à déloger Intel de son positionnement intangible.

Les produits IBM occupent une position comparable dans le secteur de l'informatique. Peu de produits IBM sont à la pointe de la technologie, et pourtant IBM est perçu comme le numéro un de la technologie par beaucoup de clients. La compagnie IBM renforça sa position en 1982 lorsqu'elle accusa deux sociétés japonaises de lui avoir volé les plans de ses ordinateurs. IBM apparut alors comme le défenseur de la technologie américaine. Puisque les Japonais voulaient voler les plans d'IBM, on pouvait raisonnablement supposer qu'IBM était à la pointe de la technologie. La réputation d'IBM à cet égard est très solide, et le restera même si les preuves à l'appui ne sont guère nombreuses.

La réputation joue aussi dans l'autre sens. Texas Instruments a fait un faux pas avec le lancement de son premier ordinateur personnel, et le marché ne va pas lui permettre de l'oublier de sitôt. Même si les nouveaux ordinateurs TI sont excellents, les clients continuent d'associer les ordinateurs TI à la notion d'échec.

Bon ciblage

Le positionnement d'un produit ne se fonde pas exclusivement sur les caractéristiques du produit, quelles soient tangibles ou intangibles, mais aussi sur le ciblage de celui-ci. Il est possible de conférer à un produit une position forte en l'adressant à des segments spécifiques du marché. De même qu'au tennis, un joueur fait un point gagnant en envoyant la balle dans un coin du terrain où ne se trouve pas son adversaire, les entreprises peuvent trouver des segments de marché que d'autres entreprises n'occupent pas.

Trop de fournisseurs essaient de répondre à tous les besoins de tout le monde. Ils voudraient devenir énormes du jour au lendemain. J'ai vu récemment une petite société, Silicon Graphics ; elle avait moins d'un an d'existence et essayait déjà de se positionner sur dix marchés différents. C'est une grave erreur. Ce type d'approche non seulement pèse lourdement sur des ressources limitées, mais encore limite l'effet de levier dont peut profiter une entreprise qui détient une part significative d'un marché spécifique. Mieux vaut être un grand poisson dans un petit bassin qu'un petit poisson dans un grand bassin.

Il faut que les entreprises ciblent leurs efforts de marketing, et cela pour deux raisons majeures. La première est évidente : une entreprise qui cible ses produits rencontre naturellement moins de concurrence. En conséquence, elle a de meilleures chances de se positionner à la tête du segment de marché qu'elle a choisi. La seconde raison est moins évidente mais tout aussi importante. Lorsqu'une entreprise axe ses efforts sur un segment donné, elle peut mieux comprendre les besoins de ses clients et y répondre. Et cela met certainement l'entreprise en meilleure position de réussir.

Le positionnement d'un produit est d'autant plus fort qu'une entreprise peut prendre pour cible un segment de marché entièrement nouveau qu'elle invente. Dans ce cas, elle peut créer une nouvelle hiérarchie de positionnement et se placer automatiquement à la tête. Toutefois, dans la plupart des cas, il est impossible de créer un nouveau segment. Il faut donc que l'entreprise étudie l'environnement du marché et détermine parmi les segments existants ceux qui correspondent le mieux à ses points forts.

Peu d'entreprises ont aussi bien réussi à se choisir des marchés cibles que Metaphor Computer Systems. Fondée en 1983 par un groupe détaché de Xerox, Metaphor a mis au point un système informatique qui permet aux cadres et analystes d'accéder rapidement et facilement à des données de gestion. Le système collecte des statistiques émanant des gros ordinateurs de l'entreprise, les combine à des données provenant de sources extérieures, et organise l'ensemble de cette information pour lui donner une forme facile à utiliser par un cadre, assis à son bureau.

Pour commercialiser ce système, Metaphor a reconnu qu'il lui fallait cibler ses efforts. En effet, les besoins en informations diffèrent selon le type de cadre, et Metaphor ne pouvait espérer répondre aux besoins de tous. C'est pourquoi cette société a décidé d'axer ses efforts sur une catégorie particulière de cadres dans des secteurs d'activités donnés.

Pour commencer, la société choisit deux secteurs cibles : les produits pré-emballés de consommation courante et les services financiers. Dans chacun de ces secteurs, elle décida de s'adresser à des cadres relevant de deux domaines fonctionnels : le marketing et les finances. Metaphor fit appel à des experts de chacun des secteurs cibles, et mit au point des progiciels spécialisés pour répondre aux besoins des cadres visés.

Metaphor a aussi ciblé ses efforts sur le plan géographique, en se limitant dans un premier temps à la clientèle de trois villes : New York, Chicago et San Francisco. Ayant compris l'importance du service et de l'assistance technique, cette société s'est rendu compte qu'elle ne pouvait offrir des services de grande qualité que si elle limitait sa couverture géographique.

Les stratégies de ciblage de Metaphor ont donné d'excellents résultats. A la fin de 1984, Metaphor avait installé des systèmes à la Bank of America, chez Beatrice, Carnation et d'autres clients. Cette société espère voir son chiffre d'affaires atteindre cent millions de dollars d'ici à 1986.

Une fois qu'une entreprise a trouvé les bons marchés cibles, elle doit garder le même cap avec ses nouveaux produits. Ce conseil semble tellement logique que beaucoup n'en tiennent pas compte. Souvent, les entreprises éprouvent le besoin de s'étendre dans de nouveaux secteurs, dans lesquels ils n'ont aucune position établie et qu'ils connaissent mal. Bien sûr, il faut que les entreprises continuent à expérimenter de nouvelles idées. Elles ne peuvent rester constamment dans la même routine, mais il faut qu'elles gardent à l'esprit quels sont leurs points forts de positionnement et qu'elles sachent en tirer parti.

Précisément, Digital Research, Inc., est tombé dans le piège. A la fin des années 1970, cette société avait remporté un succès considérable avec un logiciel de base pour ordinateurs personnels. Son système d'exploitation CP/M était devenu un standard de l'industrie et ses profits grimpaient.

Mais Digital Research décida de se lancer dans le logiciel d'application « grand public », ce qui est vraiment le bas de gamme. Or, le secteur des logiciels grand public est très différent de celui des logiciels d'exploitation, et la philosophie et les compétences de Digital Research étaient mal adaptées à cette nouvelle activité. Ses efforts échouèrent, et ses profits chutèrent considérablement. Il fallut donc que cette entreprise revienne sur son marché cible initial — le logiciel de base — pour que ses profits repartent.

TeleVideo en est un autre exemple. A ses débuts, TeleVideo acquit une position forte en vendant des systèmes informatiques multipostes, c'est-à-dire des systèmes susceptibles d'être utilisés par plusieurs personnes à la fois. Elle vendait les ordinateurs à d'autres sociétés, qui réagençaient et revendaient les systèmes. C'était donc une activité interentreprises.

Ensuite, TeleVideo essaya d'accroître ses activités, en oubliant quel était son point fort. Non consciente de sa position établie, cette société essaya de vendre des ordinateurs par l'intermédiaire de boutiques spécialisées. Elle voulait en vendre beaucoup pour abaisser ses coûts de fabrication. Les dépenses augmentèrent, mais le volume ne suivit jamais. Des dizaines de nouveaux ordinateurs s'entassaient sur les rayonnages, et TeleVideo n'avait aucun moyen de se démarquer. Les revendeurs connaissaient mal TeleVideo, et peu d'entre eux acceptèrent de vendre cette machine. En fin de compte, cette société dut se replier sur son point fort, la vente d'ordinateurs multipostes à des entreprises faisant office d'intermédiaires.

Expérimentation et adaptation

Le positionnement d'un produit n'est pas une opération ponctuelle. C'est un processus continu qui ne s'arrête jamais. Un chef d'entreprise m'a dit un jour : « Comment peut-on se positionner sur un marché qui change tous les trois mois ? » Il avait bien vu le problème. Le positionnement dynamique est un processus délicat. Le seul moyen de survivre sur des marchés dynamiques est de conférer une grande flexibilité au processus de positionnement. Il faut que les entreprises soient prêtes à procéder à des expérimentations, à tirer les leçons de leurs expériences et à s'adapter. Aucune démarche n'est bonne ou mauvaise en soi. En fait, la voie du succès est souvent ponctuée d'échecs.

Les hommes de marketing aiment penser qu'ils « connaissent » leur marché. Ils procèdent à des analyses du marché, puis élaborent des plans détaillés de marketing comme si le résultat se décidait de façon déterministe. Mais dans des secteurs mouvants, les entreprises défrichent souvent des terres vierges. Personne ne peut réellement « connaître » le marché. Celui-ci n'existe même pas encore.

Dans ces secteurs, la quasi-totalité des nouveaux produits sont des expérimentations. Peu de produits de pointe sont parfaitement adaptés au marché dès leur sortie. Le plus souvent, ils sont modifiés et adaptés pour répondre aux besoins. Entre produit et marché, les influences réciproques sont innombrables.

A certains égards, ce processus est l'image des activités traditionnelles renvoyée dans un miroir. Dans les activités traditionnelles, les entreprises procèdent à une enquête auprès du public pour savoir ce qu'il veut, puis créent un produit pour répondre à ce besoin. Dans les industries de haute technologie, c'est habituellement le produit qui vient en premier. Les entreprises inventent et mettent au point des produits, puis elles étudient le marché pour voir comment le produit pourrait être utilisé.

La démarche semble se dérouler à reculons, mais dans certains cas, c'est la seule manière de procéder. Lorsqu'il s'agit de produits radicalement nouveaux, les clients ne peuvent savoir ce qu'ils veulent tant qu'ils n'ont pas vu le produit. Mais une fois qu'ils l'ont essayé, ils peuvent suggérer des modifications, de sorte que le nouveau produit ou la nouvelle technologie réponde à leurs besoins.

Lorsque les premiers ordinateurs personnels sont apparus sur le marché, par exemple, les gens ne savaient pas ce qu'ils pourraient en faire. Une étude de marché aurait révélé une demande extrêmement faible. Pourtant, quelques pionniers ont lancé des ordinateurs personnels, et des gens ont formulé des suggestions quant à la manière de mieux utiliser les machines et aux applications possibles.

Il en va de même avec beaucoup de nouveaux semi-conducteurs. Dans ce domaine, les fabricants vont rarement voir leurs clients et leur demander : « De quoi avez-vous besoin ? » Ils établissent plutôt des fiches de spécifications qu'ils soumettent à certains clients et leur disent : « Voilà ce que nous pouvons faire. Comment pourrait-on l'adapter pour répondre à vos besoins ? » Les bons composants semi-conducteurs sont souvent modifiés dix ou vingt fois au cours de leur vie. L'expérimentation ne cesse jamais.

Les marchés tests jouent un rôle très important dans ce processus. En travaillant avec des clients pilotes, les entreprises peuvent souvent commencer à apporter des modifications au produit avant de le lancer véritablement sur le marché. Souvent, le client déteste le produit dans un premier temps. Puis, au fur et à mesure que ses suggestions sont prises en compte, il finit par adorer le produit. Lorsque celui-ci sort en fin de compte sur le marché, il a beaucoup plus de chances de faire bonne impression d'emblée. Et c'est important, car on n'a jamais une seconde chance de faire une première impression.

Toutefois, l'expérimentation ne s'arrête pas avec les marchés tests. Il faut que les entreprises continuent à modifier leurs stratégies et leurs produits alors que ceux-ci sont déjà sur le marché. L'environnement ne cesse d'évoluer, il faut que les entreprises s'y adaptent.

Vitalink est un exemple d'entreprise qui a bien réussi ses expérimentations et ses adaptations. Il s'agit d'une nouvelle entreprise, bien financée, dans le domaine des communications par satellite, ayant initialement pour mission de vendre un système complet d'acheminement de messages vocaux et de données par satellite. Or, en procédant à une expérimentation sur le marché, Vitalink s'est aperçu que le marché n'était pas encore prêt. Trop peu d'entreprises avaient un volume suffisant de communications à échanger pour justifier le coût élevé de ce service. Même IBM et AT&T avaient du mal à trouver des clients. En conséquence, Vitalink transforma son plan de positionnement. Cette société commença à proposer des services spécialisés à des entreprises ayant un volume plus faible de trafic de communications, et elle commença à proposer des applications spécifiques telles que la téléconférence.

Vendre dans un environnement en perpétuel changement peut être épuisant pour les nerfs. Nous avons travaillé, une fois, pour une grande société qui lançait un produit dans un nouveau domaine. Les dirigeants ne savaient pas à quel niveau fixer le prix du produit et ne cessaient d'exprimer leur angoisse. Quoi de plus naturel ? Ce qu'ils faisaient n'avait encore jamais été fait auparavant. On ne peut se sentir sûr que si l'on a un modèle éprouvé. Avec des nouveaux produits, justement, il n'y a pas de modèle. La réponse est de fixer un prix et d'essayer. On procède à une expérimentation. Ceux qui gagnent généralement sont ceux qui ont l'audace d'aller de l'avant.

Tous les produits doivent être considérés comme des expérimentations. Beaucoup de produits suivent le cycle échec modification — échec — modification. L'échec n'est pas nécessairement un problème. Le point clé est la rapidité avec laquelle une entreprise peut réagir et surmonter la difficulté. Il faut donc que les responsables surveillent la réaction du marché à leur produit. Il faut ensuite qu'ils modifient le produit avant que des concurrents n'apportent leurs propres solutions pour répondre aux besoins du marché.

Les enjeux sont énormes. C'est l'entreprise qui modifie son produit le plus vite et le plus efficacement qui remportera la bataille du positionnement du produit.

Quel ordinateur personnel faut-il que j'achète ?

MONSIEUR TOUT LE MONDE

4 Positionnement sur le marché : les cinq manières d'être reconnu

La crédibilité

Si l'on s'en tient aux chiffres, on pourrait penser que l'Apple III a joliment démarré. Cette machine, destinée aux petites entreprises, a été lancée en 1980. A la fin de 1983, les ventes annuelles d'ordinateurs Apple III atteignaient cent millions de dollars. Ce n'est pas une mauvaise année pour un produit dans une jeune industrie. Effectivement, il s'est vendu plus d'Apple III que beaucoup d'autres ordinateurs.

Mais le marché a vu en l'Apple III un « perdant ». Beaucoup s'attendaient à ce que l'Apple III soit une réussite aussi grande que le premier grand produit de ce constructeur, l'Apple II. Or, le nouvel ordinateur ne tint pas ses promesses. A cause de quelques premiers accrocs au niveau de la fabrication et d'un manque de logiciel, la machine ne démarra que très lentement. Elle acquit une mauvaise réputation, et ne réussit jamais à se débarrasser de son image négative. Le produit lui-même ne présentait aucun défaut fondamental. Le positionnement du produit était assez solide. Mais l'Apple III ne conquit jamais une position solide sur le marché.

Au cours de cette seconde phase du processus de positionnement — le positionnement sur le marché — le marché réagit au nouveau produit. C'est alors que l'entreprise découvre si le positionnement de son produit est efficace. Pour réussir, il est indispensable d'entraîner une rapide adhésion du marché. Une fois qu'un produit est porté aux nues, il profite de cet élan, et le succès vient de lui-même. Le produit acquiert une image positive, et les clients se précipitent. En revanche, une fois que le marché a apposé sur un produit une étiquette de « perdant », celui-ci a bien du mal à s'en remettre.

Il est clair que les entreprises contrôlent beaucoup moins bien directement cette étape du processus de positionnement. En effet, le positionnement sur le marché est en grande partie déterminé par la perception du marché. Les clients créent une certaine image du produit, et personne ne peut contester leur décision.

Il est, toutefois, possible d'exercer une influence sur le processus de positionnement sur le marché. En comprenant les rouages du marché, les entreprises peuvent influer sur la perception de leurs produits, pour lesquels elles peuvent créer une image plus forte. Elles peuvent effectivement prendre des mesures pour conférer une crédibilité tant à leur propre organisation qu'à leurs produits.

La crédibilité est l'élément clé de tout le processus de positionnement sur le marché. Avec autant de nouveaux produits et de nouvelles technologies, les clients ne savent qui croire, à qui faire confiance ; beaucoup ne comprennent même pas les technologies auxquelles font appel certains produits nouveaux, d'où toute une série de réactions en chaîne : les produits de haute technologie sont attrayants parce qu'ils concernent déjà le futur, mais quand on achète un morceau d'avenir, on a besoin d'être rassuré ; c'est pourquoi on achète à un fournisseur qui jouit d'une certaine crédibilité.

C'est très simple : les clients sont effrayés et ne parviennent pas à y voir clair. De plus, certaines grandes entreprises exploitent l'incertitude des clients, et tentent en les effrayant de les détourner de leurs petits concurrents. IBM a d'ailleurs fait de ce jeu de la peur un élément central de sa stratégie. C'est cette stratégie que nous avons déjà évoquée sous le sigle CID : crainte, incertitude et doute. Les ingénieurs commerciaux d'IBM exploitent la crainte qui se manifeste déjà sur le marché. Ils présentent IBM comme le seul havre de sécurité dans un environnement tumultueux et imprévisible. Leur argument ne manque pas de force. Pourquoi prendre le risque d'acheter à un petit fournisseur ? Personne n'a jamais perdu son emploi pour avoir choisi un équipement IBM.

Pour se positionner sur le marché, il faut que les entreprises appartenant à des secteurs en évolution rapide trouvent les moyens d'apaiser les craintes des clients et de répondre aux stratégies CID des sociétés géantes. Il faut qu'elles remplacent la crainte par le confort, l'incertitude par la stabilité et le doute par la confiance. Il faut qu'elles développent des images de crédibilité, de leadership et de qualité. Bref, il faut qu'elles offrent au client une réelle sécurité en plus d'un produit de pointe.

Comment les entreprises peuvent-elles acquérir une crédibilité auprès de la clientèle ? Bien entendu, la publicité peut jouer un rôle, mais elle ne va pas au cœur du problème. En effet, la publicité ne peut que renforcer des positions, mais non les créer. De plus en plus, les gens sont sceptiques à l'égard de ce qu'ils lisent ou de ce qu'ils voient dans les annonces publicitaires. Je mets souvent en garde mes clients contre le « facteur négatif » inhérent à la publicité. Le public est inondé d'informations promotionnelles, et il commence à s'en méfier. Les gens ont davantage tendance à prendre des décisions en fonction de ce qu'ils entendent dire directement par d'autres - amis, experts ou même vendeurs. Aujourd'hui, les décisions sont prises davantage à un comptoir ou à un stand que dans un fauteuil de salon.

La publicité doit donc être l'un des derniers éléments d'une stratégie de marketing, et non le premier. Dans les secteurs à haute technologie, les entreprises ont besoin d'autres moyens pour acquérir une crédibilité. Elles doivent paraître sécurisantes et dignes de confiance à des clients par ailleurs effrayés par la technologie. Elles doivent aussi s'assurer une assise solide, susceptible de survivre au changement inévitable de l'environnement du marché.

Bien entendu, il faut que les entreprises commencent par un positionnement solide de leurs produits. Ensuite, elles disposent de plusieurs moyens pour acquérir une crédibilité et, par voie de conséquence, se positionner sur le marché. Les trois moyens les plus importants, à cet égard, sont l'inférence, la référence et l'évidence.

L'inférence — Si une nouvelle entreprise est fondée par des bailleurs de fonds réputés, ou si elle est affiliée à une grande entreprise respectée, les gens en déduisent que cette jeune société doit être un concurrent crédible, et les détaillants, les distributeurs et les clients commencent à la prendre au sérieux. Si Compaq et Lotus ont tout de suite joui d'une bonne crédibilité, c'est parce que Ben Rosen, expert bien connu en capital-risque, détenait une forte participation dans chacune de ces entreprises. Le fait de conclure un contrat avec IBM rend aussi immédiatement crédible. Sytek était peu connu avant qu'IBM ne choisisse cette petite entreprise californienne pour mettre au point un produit de réseau. Maintenant, aux yeux de tous, Sytek est à la pointe de la technologie. De même, un contrat avec Burroughs a conféré une réelle crédibilité à Convergent Technologies, comme un contrat avec Eli Lilly a profité à Genentech.

La référence — Quand on achète des produits complexes ou coûteux, on se fie souvent aux références personnelles. On cherche un ami ou un collègue qui a acheté le produit, et on lui demande s'il en est content. Quiconque connaît le produit ou le fournisseur peut servir de référence ultérieurement. Les analystes, les détaillants, les journalistes et les clients parlent entre eux et diffusent ainsi leurs impressions au sujet du produit. Si quelqu'un a une bonne expérience avec le produit, il le dit aux autres, qui eux-mêmes le disent à d'autres... C'est ainsi que se construit la crédibilité, mais le processus fonctionne aussi en sens inverse. Attention : si un client est content, il le dit à trois personnes ; s'il est mécontent, il le dit à dix personnes.

L'évidence — La réussite sur le marché est un processus auto-entretenu. Dans le secteur concerné, on est à l'affût de preuves tangibles : accroissement de la part du marché, hausse des profits, multiplication des revendeurs, nouvelles activités, nouvelles alliances. Chaque preuve ajoute à la crédibilité et à l'image de l'entreprise. Comme l'a dit Jim Morgan d'Applied Materials, l'image de marque n'est que la somme de ce que fait l'entreprise.

Or, les entreprises peuvent faire beaucoup pour tirer pleinement parti de ces trois sources de crédibilité : par exemple, elles peuvent établir des relations avec des personnalités clés de l'infrastructure de l'industrie. Certains analystes, distributeurs, détaillants et journalistes, jouent un rôle puissant dans un secteur d'activité. Ils constituent d'importantes références et quand ils parlent, ils sont entendus. Dès lors qu'elle a l'infrastructure pour elle, une entreprise a gagné à 90 % la bataille du positionnement sur le marché.

Les clients peuvent aider une entreprise à devenir crédible, à la fois par référence et par inférence. En choisissant soigneusement ses clients au lieu de vendre tout simplement à qui veut acheter, une entreprise peut maîtriser son image. Ainsi, si une petite entreprise vend ses produits à une société géante respectée, comme IBM ou General Motors, elle se forgera probablement une réputation de sérieux et de solidité. Si elle vend ses produits à de jeunes entreprises dynamiques, elle pourra se créer une image de fournisseur innovateur.

Les entreprises peuvent aussi acquérir une certaine crédibilité en formant des alliances stratégiques avec d'autres entreprises. A l'origine, Genetic Systems, société de biotechnologie implantée à Seattle, ressemblait à beaucoup d'autres jeunes entreprises de ce secteur : solidité des compétences scientifiques mais faiblesse des compétences en matière de gestion. Les observateurs se demandaient si ces produits pourraient un jour faire un succès sur le marché. Mais dès lors que Genetic Systems fit équipe avec Syntex, grand groupe pharmaceutique réputé, cette petite société fut brusquement perçue comme un concurrent légitime dans le secteur du diagnostic médical.

Acquérir une crédibilité est un processus lent et difficile, mais il reste possible et constitue la clé de la réussite sur le marché. Tout le reste de ce chapitre est consacré à l'étude des différents moyens qui s'offrent aux entreprises pour se forger une crédibilité et, ensuite, se positionner sur le marché pour leurs produits. Cinq éléments clés se dégagent :

— Le bouche à oreille
— L'infrastructure

— Les relations stratégiques
— Les bons clients
— La presse

Le bouche à oreille

Il n'y a pas si longtemps, je prenais un petit déjeuner avec une demi-douzaine de grands industriels. Devant leur verre de jus d'orange, ils discutaient des systèmes téléphoniques qu'utilisaient leurs entreprises. Deux ou trois de mes interlocuteurs envisageaient à ce moment-là d'acquérir de nouveaux systèmes. Au cours de la conversation, l'un deux fit un commentaire sur une certaine entreprise qui fournit des systèmes téléphoniques, appelons-la société X. « J'ai des tas d'ennuis avec la société X, se plaignit-il, j'ai l'impression que le système est tout le temps en panne. »

Or, il se trouve que la société X est un fournisseur reconnu de systèmes téléphoniques, et qu'elle a des centaines de clients satisfaits. Il ne fait néanmoins aucun doute qu'un seul commentaire a marqué de façon décisive les autres chefs d'entreprises à ce petit déjeuner. La société X peut avoir les meilleurs systèmes du marché, ses systèmes peuvent gérer plus de lignes que tous les produits concurrents, ils peuvent intégrer paroles et données mieux que tout autre système, les industriels participant à ce petit déjeuner n'achèteront probablement pas un système de la société X. Cette remarque fortuite a en quelque sorte ébranlé leur confiance en la société X.

C'est tout le pouvoir du bouche à oreille. On peut oublier toutes les études de marché et les rapports d'analystes ; le bouche à oreille est probablement la forme de communication la plus puissante dans le monde des affaires. Il peut nuire à la réputation d'une entreprise, comme dans l'exemple ci-dessus ; il peut aussi faire un malheur sur le marché. Les messages transmis de bouche à oreille frappent l'imagination. Des rapports dûment circonstanciés peuvent contenir toutes les bonnes informations, mais un face à face a beaucoup plus de chances de susciter engagement, soutien et compréhension mutuelle.

En fait, on juge les messages plus crédibles et convaincants si on les entend directement de la bouche d'autrui, surtout s'il s'agit de personnes qu'on connaît et qu'on respecte. La communication de bouche à oreille intervient couramment dans toutes sortes de décisions : on se fie au bouche à oreille pour déterminer les produits à acheter, les entreprises auxquelles faire confiance, les rapports à lire et les chefs d'entreprises à croire.

Il ne faut pas confondre information et communication. L'information est objective et froide. La communication est empirique et qualitative. Un terminal d'ordinateur peut fournir une information, mais seuls les hommes peuvent communiquer. Pour qu'une communication soit efficace, il faut que l'émetteur et le récepteur soient sur la même longueur d'onde. C'est dans le face à face que la communication entre deux personnes est probablement la plus efficace. Chacun peut lire, analyser et interpréter l'attitude de son interlocuteur. Il est possible de transmettre la même information dans un télégramme, un rapport rédigé ou une publicité, mais ces formes n'utilisent pas le potentiel complet de la communication humaine ; ce sont des outils de communication limités. L'expression verbale transforme une information brute en une communication efficace.

La communication verbale peut revêtir de nombreuses formes différentes. Les membres d'un secteur constituent ce qu'on pourrait appeler un « réseau de copains » pour se tenir mutuellement informés. Récemment, un rapport d'étude de marché a révélé que ce type de réseau joue un rôle déterminant dans le secteur des télécommunications. Impossible de réussir si l'on n'a pas accès à ce réseau.

Les clients aussi se fient à la communication verbale. Tous ces produits mis sur le marché par des entreprises de haute technologie créent dans leur esprit une véritable confusion, et ils ont besoin d'un conseil personnel. Pas une journée ne se passe sans que quelqu'un ne me pose la question rituelle : « Quel ordinateur personnel faut-il que j'achète ? » Il n'y a sans doute pas un ordinateur, de quelque taille que ce soit, qui à l'heure actuelle ne se vende sans une référence de bouche à oreille.

Le bouche à oreille est un support de communication

tellement évident que pratiquement personne ne prend le temps de l'analyser ou d'en comprendre la structure. Pour beaucoup, c'est comme le temps. Bien sûr, c'est important, mais on n'y peut pas grand chose. Personne n'a jamais vu une section « communications verbales » dans un plan de marketing. Comme l'a dit un jour un spécialiste du management, Peter Drucker, les décisions se prennent au déjeuner plus qu'à tout autre moment de la journée, et pourtant, il n'existe aucun enseignement universitaire sur ce sujet.

De toute évidence, cette communication de bouche à oreille sur une entreprise et ses produits échappe en grande partie au contrôle de l'entreprise. Toutefois, celle-ci peut prendre des mesures pour tourner ce type de communication à son avantage. Elle peut même orchestrer une « campagne de bouche à oreille ». Un effort de ce type peut avoir des retombées considérables, car le bouche à oreille est fondamentalement différent des autres formes de communication, et cela à trois égards.

Premièrement, c'est un processus fondé sur l'expérience. Le message est toujours transmis de vive voix. Le récepteur n'écoute pas seulement les paroles du locuteur, mais il observe aussi le ton de sa voix, les expressions de son visage, ses gestes ainsi que d'autres aspects non verbaux de la communication. Les mêmes mots pourraient être prononcés au téléphone, ils ne seraient pas porteurs du même poids. Les hommes d'affaires en ont bien conscience, eux qui parcourent des milliers de kilomètres pour rencontrer personnellement des vendeurs et des acheteurs. Un face à face direct peut avoir un impact bien plus grand qu'une avalanche de publicités, de communiqués de presse, de notes et de brochures.

Deuxièmement, le message est adapté au récepteur. Il est possible de modifier, de simplifier, de changer, d'étoffer et de vérifier un message pour chaque personne. Le message transmis au directeur de marketing peut être différent du message adressé au directeur technique. Le message peut aussi être modifié en fonction du contexte : un message peut être transmis d'une certaine manière dans la cafétéria de l'entreprise, et d'une autre manière dans le cadre d'une communication au conseil d'administration.

Troisièmement, le retour d'information est instantané. Si le destinataire du message acquiesce à ce que dit le locuteur, il approuve d'un signe de tête ou manifeste d'une quelconque autre manière son accord. S'il n'est pas d'accord, il fronce les sourcils ou suggère d'autres solutions. Il peut contribuer à étayer des points faibles et supprimer les points non pertinents. Si le destinataire ne comprend pas, il peut demander des explications.

Comment une entreprise peut-elle maîtriser la puissance du bouche à oreille ? Tout d'abord, l'entreprise doit décider du message qu'elle veut faire passer. Le bouche à oreille est particulièrement efficace pour diffuser des messages relatifs à des qualités intangibles telles que le sérieux, la crédibilité, l'attrait et l'assistance.

Ensuite, l'entreprise doit décider quels doivent être les destinataires du message et qui, dans l'entreprise, doit l'émettre. En raison même de la nature des communications verbales, il n'est pas possible de diffuser trop largement le message. Heureusement, ce n'est pas nécessaire. En effet, le bouche à oreille est régi par la règle des 90-10 que j'ai évoquée au chapitre 2. La règle est la suivante : « 90 % du monde sont dominés par les autres 10 % ». En conséquence, si une entreprise peut atteindre les 10 % critiques, elle exercera indirectement une influence sur tous les autres. Le message transmis de bouche à oreille fera boule de neige.

Une campagne d'information doit être fondée sur des communications ciblées. En effet, le bouche à oreille n'est pas efficient pour diffuser largement une information. Il faut au contraire adresser les communications à des publics spécifiques. Une campagne d'information vise à susciter ou à modifier les attitudes et les opinions des membres des groupes cibles, c'est pourquoi il est important de comprendre ce que pensent les destinataires, faute de quoi le bouche à oreille n'aura guère de portée efficace.

Les cibles d'une campagne d'information entrent dans plusieurs catégories, dont certaines font l'objet d'une discussion plus détaillée, dans ce chapitre. Les groupes cibles sont, notamment :

Les milieux financiers — La personne ou l'organisme qui finance une entreprise est souvent plus important que la somme investie. Le monde des investisseurs privés et des détenteurs de capital-risque est une petite société fermée. Les premiers investisseurs dans une entreprise peuvent se servir du bouche à oreille pour transmettre un message relatif à l'entreprise à d'autres détenteurs de capitaux-risques, puis à des banques d'investissements, des analystes et des agents de change.

Les observateurs — Les industries à croissance rapide sont remplies de consultants, d'analystes, de futurologues et de prophètes qui trient et publient les informations relatives aux différentes activités. Ces observateurs autorisés obtiennent la majeure partie de leurs informations par le bouche à oreille, en se rendant dans les entreprises, en participant à des réunions et en parlant avec des personnalités des secteurs intéressés.

Les clients — Les entreprises peuvent user du bouche à oreille pour atteindre des clients dans des expositions et des salons professionnels, des conférences techniques, des sessions de formation et chez les clients eux-mêmes. Les clients pilotes et les premiers acquéreurs sont particulièrement importants. Ils peuvent en effet parler d'un nouveau produit à d'autres clients potentiels.

La presse — Plus de 90 % des grandes nouvelles diffusées dans la presse professionnelle et technique émanent de conversations directes. Tous les journalistes ont des réseaux d'informateurs auxquels ils font appel pour connaître les rumeurs, les opinions et vérifier leurs informations. Il y a énormément à gagner à faire partie de ce réseau de bouche à oreille.

Le réseau de vente — Le circuit de vente comprend des représentants, des distributeurs et des détaillants. Les prix ainsi que d'autres données relatives au produit peuvent être diffusés dans le réseau de vente sous forme de documents écrits et de rapports officiels, mais la communication verbale est nécessaire pour susciter l'enthousiasme et un engagement à l'égard du produit.

Le public — Chaque personne interrogée, ou qui effectue une livraison, ou qui se rend dans une entreprise en repart avec une certaine impression. Si le personnel de l'entreprise communique correctement, toute personne qui entre en contact avec l'entreprise en devient en quelque sorte le vendeur, l'ambassadeur.

Les campagnes de bouche à oreille ne vont pas sans poser de problèmes : il faut parfois un certain délai pour que le message se diffuse, et il y a toujours le risque que le message se modifie en passant d'une personne à l'autre : c'est le jeu bien connu du téléphone arabe. Toutefois, les avantages de ces campagnes sont bien supérieurs à leurs inconvénients. Il importe donc que les entreprises sachent comment fonctionne le bouche à oreille dans leur secteur, puis fassent passer le mot.

L'infrastructure

Lorsque les premiers ordinateurs personnels sont arrivés sur le marché dans les années 1970, les milieux d'affaires y virent essentiellement une mode. Ce ne fut pas le cas de Ben Rosen. A cette époque-là, Rosen travaillait comme analyste dans l'industrie électronique chez Morgan Stanley et publiait une lettre d'information sur les entreprises électroniques. Il commença à écrire sur les ordinateurs personnels et à en parler. Pour beaucoup, ce n'étaient que des jouets ; Rosen, lui, y voyait le point de départ d'une nouvelle industrie dynamique. Par le biais de sa lettre d'information et de conversations informelles, Rosen lança le credo de l'informatique individuelle.

Progressivement, Rosen fit des adeptes. Tout d'abord, les lecteurs de sa lettre d'information, puis le magazine *Forbes* publia un article indiquant comment Rosen se servait d'un ordinateur personnel pour effectuer des analyses financières. Ces nouvelles machines commencèrent à attirer l'attention d'un nombre croissant de personnes. Bientôt, les entreprises se rendirent compte qu'un rapport favorable de Ben Rosen était la clé du succès dans le domaine de

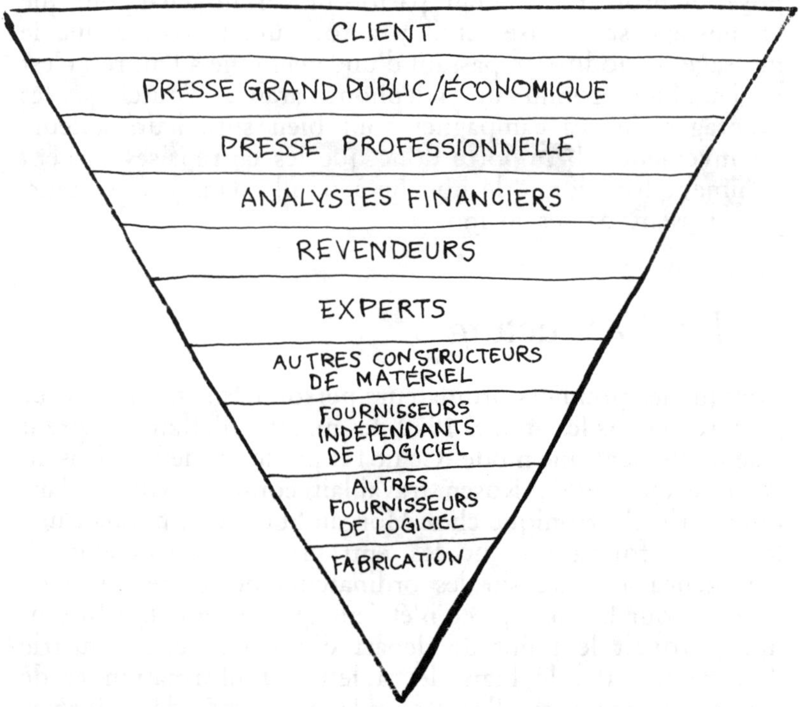

FIGURE 5 Développement de l'infrastructure de l'industrie des ordinateurs personnels

l'informatique individuelle. Une mauvaise critique de Rosen équivalait au baiser de la mort.

Pourquoi Ben Rosen a-t-il exercé une telle influence ? S'il n'avait été qu'un courtier obscur, son engouement pour les ordinateurs personnels ou pour n'importe quel constructeur d'ordinateurs personnels n'aurait pas eu une grande portée. Mais, justement, Rosen était considéré comme l'un des plus grands analystes du pays ; il était censé être une source d'information pertinente.

Rosen a joué un rôle clé dans l'infrastructure de l'industrie électronique. Toute industrie a une infrastructure, même si celle-ci diffère d'un secteur à l'autre. L'infrastructure englobe toutes les personnes qui, entre le fabricant et le client, exercent une influence sur le processus d'achat. Ce sont ces personnes qui confèrent une crédibilité au produit et à l'entreprise (ou, dans le cas de Rosen, à toute une industrie). Sans l'appui de l'infrastructure, le produit et l'entreprise sont voués à l'échec.

J'aime présenter l'infrastructure comme une pyramide inversée, avec le fabricant en bas, à la pointe, et les clients en haut, à la base. Les figures 5 et 6 illustrent l'infrastructure de deux secteurs industriels : les ordinateurs personnels et les micro-processeurs. Dans chaque cas, l'information relative au produit et à l'entreprise chemine jusqu'au client par l'intermédiaire de la pyramide de l'infrastructure, essentiellement en suivant le processus de bouche à oreille évoqué précédemment.

Chaque niveau de la pyramide exerce une influence sur les autres niveaux, en particulier sur ceux qui se situent au-dessus. Voyons l'infrastructure du secteur des ordinateurs personnels. Si un tiers — fournisseur de matériel ou de logiciel - met au point des produits destinés à fonctionner avec un nouvel ordinateur personnel, les leaders d'opinion et les personnalités de l'industrie vont commencer à être alertés. Ces personnalités — consultants, analystes financiers ou utilisateurs connus — commencent à exercer une influence sur les autres. Les distributeurs et revendeurs commencent alors à être intéressés.

Ensuite, viennent les analystes financiers : un rapport favorable d'un analyste sur un nouveau produit peut

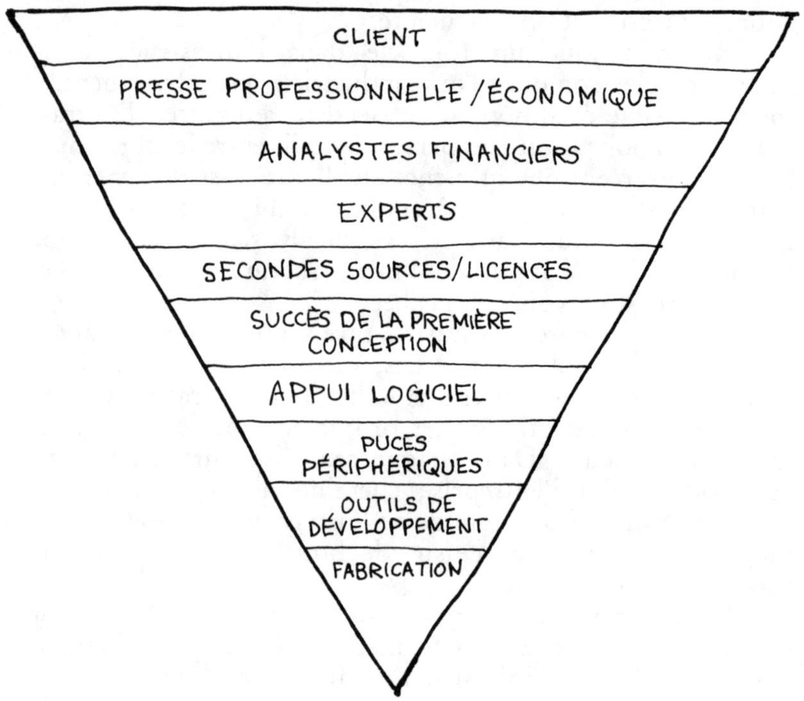

FIGURE 6 : Développement de l'infrastructure de l'industrie des micro-processeurs

accroître considérablement les chances de succès de celui-ci. Où les analystes financiers trouvent-ils leurs informations ? Parfois, auprès des constructeurs eux-mêmes, mais le plus souvent auprès de revendeurs, de fournisseurs indépendants et de personnalités de l'industrie.

La presse professionnelle et économique, à son tour, se fie beaucoup aux commentaires et recommandations des analystes financiers. Un jour, j'ai parcouru un long article de *Business Week* avec un marqueur jaune à la main et j'ai surligné toutes les citations d'analystes financiers et de personnalités de l'industrie ; à la fin, presque tout l'article était jaune.

L'enthousiasme communicatif gagne toute l'infrastructure. Lorsqu'une personnalité influente comme Ben Rosen affirme qu'un produit est un futur leader du marché, les créateurs de logiciels sont alors de plus en plus nombreux à se mettre à écrire des programmes pour l'ordinateur en question. En fin de compte, le message parvient en haut de la pyramide et les clients commencent à acheter. C'est une fantastique partie de téléphone arabe, dans laquelle à chaque étape les destinataires du message seraient de plus en plus nombreux. En outre, chaque partie de l'infrastructure valide les autres.

Il en va de même pour les micro-processeurs. Si un nouveau micro-processeur est mis sur le marché avec des outils de développement, des puces périphériques et du logiciel, d'autres fabricants de semi-conducteurs se précipiteront pour constituer des secondes sources, c'est-à-dire fabriquer des micro-processeurs relevant de la même conception. C'est très important, car peu de clients acceptent d'adopter une puce fabriquée par une seule société. Les accords passés entre les entreprises pour devenir des secondes sources attirent l'attention des observateurs spécialisés et des anlystes financiers, et le message suit son chemin en remontant la pyramide jusqu'au client.

Si une entreprise manque l'un des niveaux de l'infrastructure, c'est toute la pyramide qui risque de s'écrouler. National Semiconductor est tombé dans ce piège avec son micro-processeur 32-bits. Le produit est excellent, supérieur à certains de ses concurrents qui pourtant se vendent mieux.

C'est que ce micro-processeur ne s'est pas accompagné de puces périphériques ni de logiciel.

En conséquence, National n'a pas réussi à se tailler une réputation de concurrent majeur sur le marché. J'ai récemment assisté à une réunion du conseil d'administration d'une entreprise industrielle qui devait décider du micro-processeur à adopter pour sa prochaine génération de produits. Près des trois quarts de la discussion ont porté sur des paramètres qualitatifs. Les membres du conseil d'administration recherchaient un fabricant de micro-processeurs sur lequel ils pourraient compter pour de nouveaux produits et une assistance à l'avenir. National, malgré son produit extrêmement avancé, a vite été écarté. Pourquoi ? Cette société n'a aucune réputation de réussite dans le domaine des micro-processeurs et ne bénéficie guère du soutien de l'infrastructure.

L'infrastructure joue un rôle particulièrement important dans les industries dont l'évolution est rapide et les produits complexes. Dans ces secteurs, il se passe tellement de choses qu'il est difficile, même à des personnes bien informées, de tout connaître dans le détail. Pour comprendre l'intérêt de nouveaux développements, on se fie à ce qui ressort de l'infrastructure. Aucun revendeur ne veut accueillir dans ses rayons un nouveau produit sans en parler à des confrères ou à des fournisseurs de logiciels, ni sans lire la presse professionnelle et les rapports d'analystes financiers.

D'une manière générale, le rôle de l'infrastructure est d'autant plus critique que la confusion est grande sur le marché. Si les gens ont des certitudes, ils ne posent pas de questions ; ils achètent tout simplement la marque la plus connue ou le produit le moins cher. Mais lorsqu'il y a de l'incertitude dans l'air, c'est l'entreprise la mieux apte à mettre l'infrastructure de son côté qui gagnera sur le marché.

En conséquence, l'infrastructure est probablement plus importante pour les ordinateurs que pour les chaînes hi-fi et plus importante pour les chaînes hi-fi que pour les céréales. Dans la Silicon Valley, l'infrastructure est la coulisse la plus sophistiquée de Wall Street. Analystes, consultants, juristes, distributeurs, banques et fournisseurs de logiciels y jouent des rôles clés. Les critiques et les analystes sont loin de parler autant des nouvelles céréales que des nouveaux ordinateurs.

Comment un constructeur peut-il s'attacher les faveurs d'une infrastructure ? Je me suis récemment entretenu avec un groupe de jeunes spécialistes du marketing chez un constructeur d'ordinateurs personnels ayant réussi. Ils m'ont dit qu'ils envisageaient de recourir aux relations publiques pour susciter une demande pour leur produit. Je leur ai alors expliqué que leur projet était voué à l'échec. Les relations publiques, pratiquées de façon classique, ne suffisent pas. Avec un effort de relations publiques, peut-être le nom de votre produit sera-t-il mentionné une fois par an dans un magazine hebdomadaire grand public, si vous avez de la chance, mais cela ne crée pas une grande demande pour un produit.

Il faut que les responsables du marketing identifient les personnages clés de l'infrastructure, s'attachent leurs faveurs, et surveillent l'évolution de cette infrastructure. Dans le domaine de l'informatique, ils doivent identifier les experts, les personnages clés de la presse professionnelle, les fournisseurs indépendants de logiciels, et les amener tous à s'intéresser au nouveau produit. Ils pourraient essayer de lancer une lettre d'information à l'intention des revendeurs, ou d'organiser des conférences à l'intention des personnalités de l'industrie. Ils pourraient aussi faire des démonstrations particulières et apporter une assistance technique à des fournisseurs indépendants de logiciels.

Il faut toujours que les responsables du marketing fassent attention aux hiérarchies d'influences qui existent au sein de l'infrastructure. Certaines personnalités ont plus de « personnalité » que d'autres. Lorsqu'Intel a lancé son premier micro-processeur 32-bits, cette société en a longuement parlé avec Gordon Bell, célèbre gourou de ce secteur, puis à Digital Equipment Corporation. Quand *Fortune* publia un article sur la nouvelle puce, celui-ci comportait une citation de Bell venant à l'appui des affirmations d'Intel sur les chances de succès de ce composant.

Certains distributeurs et revendeurs sont plus influents que d'autres. Une chaîne de supermarchés peut être un distributeur efficace, mais qui ne conférera pas à un ordinateur de gestion la crédibilité que pourrait lui apporter des magasins plus cossus. Plus haut dans la hiérarchie, se trouvent des chaînes de magasins spécialisés tels que NASA et ComputerLand.

Dans le domaine de l'informatique, il est encore plus important de rallier les bons fournisseurs de logiciels. Les grands du logiciel, tels que Microsoft et Digital Research, peuvent mettre au point des « outils » qui facilitent le développement de programmes de la part de petits fournisseurs de logiciels. Et une fois que ceux-ci se sont engagés, les constructeurs de matériel complémentaire tel que cartes enfichables et unités de disques sont sûrs de suivre.

Lorsqu'une entreprise est en mesure de gagner la totalité de l'infrastructure, il est pratiquement impossible que son produit échoue. Le produit est alors sûr du succès avant même sa sortie sur le marché. Le meilleur exemple en est peut-être 1-2-3, le meilleur logiciel intégré de Lotus Corporation. Là encore, Ben Rosen a joué un rôle déterminant. Rosen, qui dirige à l'heure actuelle un fonds de capitaux-risques, a été le premier investisseur dans Lotus. Il a commencé à parler du produit plusieurs mois avant son lancement. Beaucoup de gens en avaient des premiers prototypes ; j'en avais un moi-même. Beaucoup de directeurs de journaux en avaient. Nous en avons parlé entre nous et notre enthousiasme allait grandissant, et notre impatience aussi. Au moment de son lancement, 1-2-3 était certainement le secret le moins bien gardé de l'industrie, mais aussi son succès le plus sûr.

Les relations stratégiques

Les entreprises qui appartiennent à des secteurs en évolution rapide ont besoin d'établir toutes sortes de relations. Comme nous l'avons déjà dit, elles doivent tisser des relations avec des détenteurs de capital-risque, des revendeurs, des observateurs éclairés ; mais il est tout aussi important, sinon plus, qu'elles entretiennent des relations avec d'autres entreprises appartenant au même secteur d'activité.

Compte tenu de l'évolution rapide de certaines industries, ces relations sont plus importantes que jamais. Comme les technologies progressent et s'imbriquent les unes dans les autres, plus une seule entreprise ne dispose de toute la gamme des compétences et des expériences nécessaires pour amener des produits sur le marché au bon moment, et de manière économique. Pour produire un ordinateur personnel, par exemple, une entreprise doit être experte en technologie des semi-conducteurs, en technologie des affichages, en technologie des disques mémoires, en technologie des réseaux, en technologie des claviers et plusieurs autres encore. Aucune société à elle seule ne peut être à la pointe dans tous ces domaines.

C'est pourquoi on observe actuellement une prolifération d'efforts menés en collaboration. Les entreprises de croissance, autrefois farouchement indépendantes, concluent aujourd'hui toutes sortes d'alliances, même avec d'anciens concurrents. Il semble que toutes les petites entreprises recherchent des « sponsors » tandis que les grandes entreprises essaient de s'attacher le plus grand nombre possible de jeunes entreprises innovatrices. A cet égard le magazine *Business Week* écrivait en 1984 dans un rapport spécial sur l'informatique : « Pour les entreprises, qu'elles soient grandes ou petites, la collaboration est un facteur clé de survie ». Ces collaborations peuvent revêtir de nombreuses formes différentes : entreprises conjointes, échanges de technologie, accords de fabrication et prises de participation dans le capital, notamment. Certains accords semblent suivre plus particulièrement une orientation financière ou de recherche et développement, mais ces relations n'en jouent pas moins un rôle déterminant dans la stratégie de marketing d'une entreprise.

Dans les industries qui connaissent une évolution rapide, les entreprises ont besoin d'établir des relations stratégiques pour diverses raisons :

— Pour être concurrentielles sur les marchés d'aujourd'hui, les entreprises ont besoin de maîtriser plusieurs technologies. Des domaines tels que l'informatique et les communications sont en train de fusionner, et les clients veulent des solutions complètes. Aucune entreprise ne peut, à elle seule, être à la pointe de toutes les technologies nécessaires.

— Les coûts de développement des nouvelles technologies augmentent rapidement. Si elles veulent survivre, il faut que les entreprises en partagent les coûts.
— Les sociétés américaines sont confrontées à l'intensification de la concurrence japonaise. Le gouvernement japonais a lancé, et contribué à financer, des efforts de développement conjoints dans des domaines tels que la fabrication de circuits intégrés et la robotique. Les sociétés américaines doivent s'unir pour résister.
— Les technologies évoluent plus vite qu'auparavant. Autrefois, une entreprise pouvait rester à la pointe de beaucoup de technologies différentes ; à l'heure actuelle, c'est beaucoup plus difficile.
— Les petites entreprises ont besoin, pour être concurrentielles, d'acquérir des compétences en matière de gestion, de s'imposer auprès des circuits de distribution et de réunir des capitaux. Des relations stratégiques peuvent les y aider.
— L'existence de relations stratégiques peut apporter une crédibilité aux entreprises, ce qui est peut-être moins tangible mais tout aussi important. En choisissant le bon partenaire stratégique, une entreprise peut gagner dans l'association une certaine crédibilité.

Beaucoup de relations stratégiques unissent une petite entreprise à une grande société. Ces relations n'impliquent pas un jeu de lutte encore appelé jeu à somme nulle, mais un jeu de coopération puisque les deux entreprises peuvent en tirer parti. En s'alliant à une grande société respectée, une petite entreprise de croissance acquiert une aura de sérieux ; la grande société sert de référence crédible indiquant au marché que la petite entreprise est un « gagnant ». Les clients sont plus enclins à s'adresser à une petite entreprise si elle bénéficie de l'appui d'IBM ou de Digital Equipment.

Parallèlement, les grandes sociétés peuvent s'ouvrir ainsi une porte sur des technologies nouvelles. D'une manière générale, les petites entreprises développent plus vite des nouvelles technologies que les grandes bureaucraties. Ainsi, en tissant des liens avec les petites entreprises, les grandes sociétés peuvent mettre plus vite davantage de produits nouveaux sur le marché.

L'alliance conclue entre IBM et Microsoft est un bon exemple de ce type de relation stratégique. IBM a accepté d'adopter le logiciel MS-DOS de Microsoft comme principal système d'exploitation sur son ordinateur personnel. De fait, le système d'exploitation — sorte d'agent de la circulation contrôlant les activités à l'intérieur de l'ordinateur — est un élément critique dans un système informatique. Les concepteurs du système d'exploitation et de l'ordinateur lui-même doivent travailler en étroite coopération ; c'est pourquoi IBM avait jusque-là toujours créé ses propres systèmes d'exploitation pour ses ordinateurs. Néanmoins, l'accord passé avec Microsoft est profitable aux deux protagonistes.

Pour Microsoft, le contrat avec IBM lui confère immédiatement une crédibilité. En effet, jusque-là, Microsoft n'était qu'une entreprise obscure de l'État de Washington, dirigée par un jeune loup de vingt-cinq ans. Tout à coup, Microsoft a été considéré comme un acteur avec qui compter. Depuis la signature de ce contrat, ses recettes n'ont cessé de progresser. Pour la compagnie IBM, le contrat passé avec Microsoft lui a permis de lancer sur le marché son ordinateur personnel beaucoup plus tôt qu'elle n'aurait pu le faire autrement. De plus, IBM arrivait déjà tard sur ce marché. Si elle avait dû mettre au point son propre système d'exploitation, elle serait arrivée carrément trop tard.

La compagnie IBM a conclu bien d'autres alliances : pour contribuer à la mise au point d'unités de disquettes, elle a conclu un accord avec Tandon. Pour les micro-processeurs, elle a décidé d'adopter comme norme la famille des processeurs 16-bits de Intel. Elle a également pris une participation de 12 % du capital d'Intel, qu'elle a ensuite portée à 20 %. Dans chaque cas, la compagnie y a gagné un accès rapide à une technologie nouvelle, tandis que son petit partenaire y gagnait un afflux de capitaux frais et une grande crédibilité. L'aval d'IBM est porteur d'un message clair : ce fournisseur est un « gagnant ».

Ces relations stratégiques permettent à chaque entreprise de préserver son indépendance et son caractère unique. Il ne faut pas confondre les alliances de ce type avec les fusions et acquisitions classiques ou les mouvements de diversification. En effet, les stratégies de rachat ont souvent davantage pour effet de freiner l'innovation que de la promouvoir. La grande société contraint souvent l'entreprise rachetée de se couler dans son moule, tuant ainsi le caractère innovateur qui, précisément, avait fait tout l'attrait de la petite entreprise, au départ.

On observe, effectivement, que les stratégies de rachat dans les industries de haute technologie aboutissent souvent à des impasses. Schlumberger, par exemple, a essayé d'accéder à la haute technologie par ce biais. Ce leader dans le domaine des services pour l'industrie pétrolière voulait prendre pied dans des technologies nouvelles, et se mit donc en quête d'entreprises de la Silicon Valley à racheter. Elle retint deux candidates : Fairchild qui fabrique des semi-conducteurs et Calma qui développe des systèmes de conception assistée par ordinateur. Mais la stratégie échoua. Des employés particulièrement compétents et efficaces quittèrent les deux sociétés rachetées, et la culture de Schlumberger passait mal dans la Silicon Valley. Aucune des deux acquisitions ne tint ses promesses.

D'autres grandes sociétés ont connu des problèmes identiques. Exxon Corporation tenta d'accéder au marché de la bureautique par le biais du rachat de petites entreprises de haute technologie, mais ce fut une catastrophe. De même, lorsque Western Electric racheta le constructeur de robots Unimation en 1982, le chiffre d'affaires de ce dernier chuta fortement. Quant à AM International, ce fut purement et simplement le dépôt de bilan en 1982 après avoir procédé à des acquisitions dans la haute technologie.

De toute évidence, cette démarche comporte bien des écueils. Souvent, il est plus judicieux de la part des grandes sociétés de prendre une participation minoritaire dans des petites entreprises, ou de signer des accords de développement avec elles. Ces approches permettent à ces dernières de maintenir leur culture et contribuent à soutenir leur esprit d'entreprise.

Pour mieux appréhender le besoin croissant de relations

stratégiques, il est important de comprendre le cycle de développement d'un produit dans des secteurs de haute technologie. En effet, les étapes sont nombreuses entre la planche à dessin du concepteur et la chaîne de montage, et aucune entreprise ne peut maîtriser toutes ces phases intermédiaires. L'établissement de relations stratégiques est donc indispensable pour combler les lacunes.

Comme le montre le schéma ci-après, le processus de création d'un produit se décompose en quatre phases :

La recherche fondamentale — La majorité des progrès industriels est subordonnée à l'avancement de la recherche fondamentale, et pourtant l'industrie ne finance que très peu ce type de travaux. La recherche fondamentale a pour objet de répondre à des questions scientifiques de base telles que la structure interne de la matière ou les propriétés des protéines humaines. C'est un processus long et aléatoire. Personne ne peut prédire s'il débouchera sur de nouvelles applications ou technologies. Rares sont les entreprises qui ont les ressources ou la patience nécessaires pour financer ce type de recherche. C'est pourquoi, aux Etats-Unis, la recherche fondamentale est essentiellement assumée par des universités ou des laboratoires nationaux, le financement étant surtout assuré par les pouvoirs publics.

La recherche appliquée — Lorsque les travaux de recherche s'orientent vers un résultat industriel particulier, cela devient de la recherche appliquée. Coincée entre la recherche fondamentale et le développement, la recherche appliquée souffre de bien des maux : ambiguïté et négligence. En effet, les chercheurs universitaires, dont l'objectif principal est d'élargir les connaissances scientifiques, préfèrent se consacrer à la recherche fondamentale. Peu d'entreprises ont les moyens de participer aux travaux tant que la recherche n'a pas accédé à la phase d'application. C'est pourquoi la plupart des travaux de recherche appliquée sont effectués dans de vastes laboratoires industriels tels que Bell Laboratories de AT&T et le Centre de recherche Xerox de Palo Alto.

Le développement — C'est la phase la plus orientée de la création d'un produit. Le but est d'obtenir un produit fini

FIGURE 7 Relations stratégiques

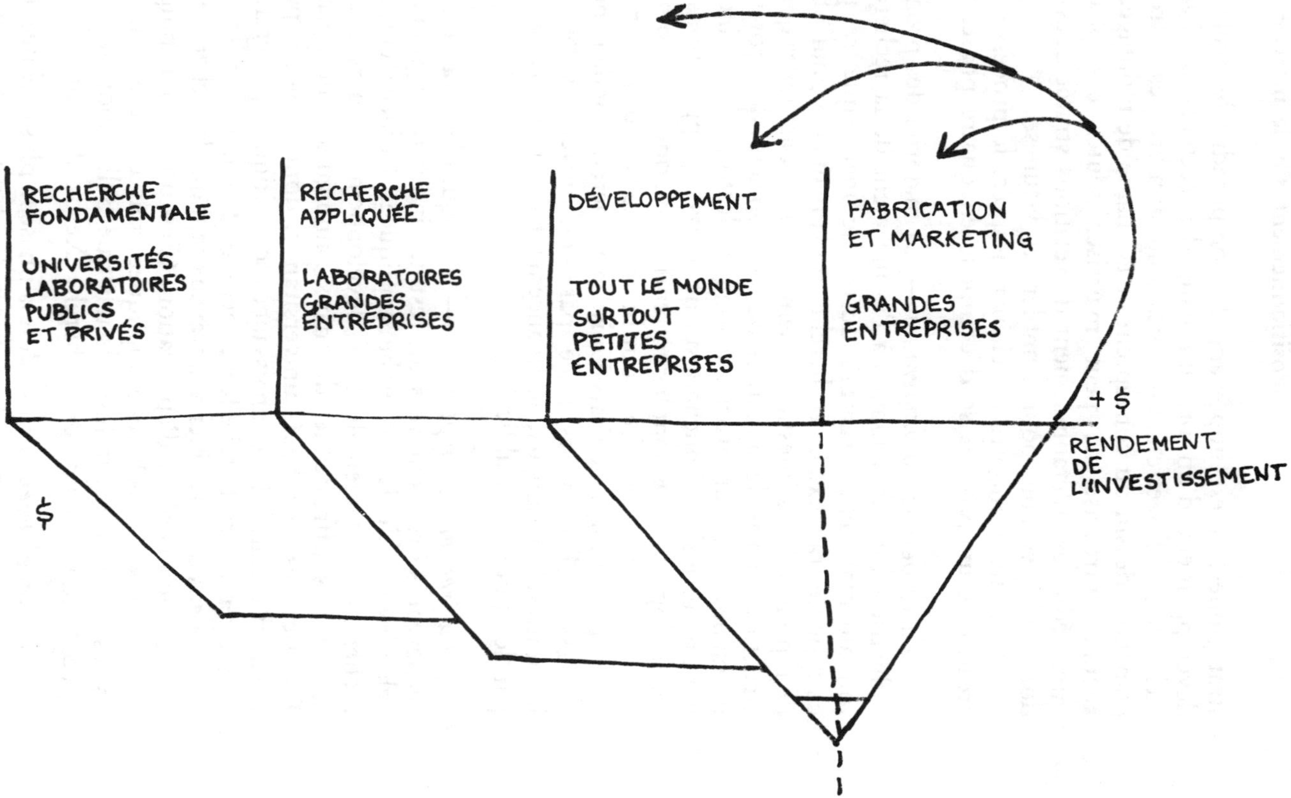

susceptible d'être lancé sur le marché. Toutes les entreprises mènent des travaux de développement, mais dans des industries en évolution rapide, les petites entreprises sont les plus productives et celles qui réussissent le mieux dans ce domaine. En effet, contrairement aux géants de l'industrie qui doivent investir des ressources considérables dans le maintien de leurs structures bureaucratiques, les petites entreprises jeunes consacrent la quasi-totalité de leurs ressources et de leur énergie au développement d'un produit. La nécessité les pousse à l'innovation : leur survie dépend du succès de leur effort de développement.

La fabrication et le marketing — Les trois premières phases du cycle, de la recherche fondamentale au développement, impliquent des coûts d'investissements. C'est par le biais de la fabrication et du marketing que l'entreprise rentabilise son investissement et récupère les coûts de la création du produit. Sans cette rentabilité, l'investissement est perdu et ne génère aucun capital frais pour la génération suivante de produits nouveaux. Pour la fabrication et le marketing, la taille et les ressources constituent souvent des avantages majeurs, c'est pourquoi les grandes entreprises ont tendance à occuper des positions de premier plan dans cette phase finale du processus de création d'un produit.

C'est à ce stade que les entreprises japonaises bénéficient du plus grand avantage. Elles arrivent en général derrière leurs homologues américaines au cours des trois premières phases du cycle de création d'un produit, mais sur certains marchés qui connaissent une croissance rapide — comme l'électronique grand public et les mémoires à semi-conducteurs — elles réussissent à franchir en vainqueur la ligne d'arrivée, en partie grâce à la supériorité de leur technologie de fabrication, et en partie grâce aux avantages particuliers dont elles bénéficient de la part du système financier et de l'Etat japonais. En remportant la bataille de la fabrication, les Japonais ont privé les sociétés américaines de la rentabilité dont elles ont besoin pour investir dans le développement de produits de la génération future.

En concluant des alliances stratégiques, les entreprises américaines peuvent partager les coûts et les compétences, et relever ainsi le défi japonais. Si l'on regarde de près le processus de création d'un produit, on s'aperçoit nettement que des entreprises différentes ont des points forts différents à différents stades du cycle. Faire équipe est une manière d'échanger les compétences. Si les grandes entreprises occupent généralement le devant de la scène en ce qui concerne la recherche appliquée et la fabrication, tandis que les petites entreprises sont à la pointe de l'innovation et du développement, pourquoi ne pas unir leurs forces ? C'est bien ce qu'a fait IBM en concluant des alliances stratégiques, en associant sa fantastique capacité de fabrication aux compétences en matière de développement d'Intel, de Microsoft, de Tandon et d'autres.

L'importance des relations stratégiques est d'autant plus grande que la concurrence s'intensifie dans les industries de haute technologie. La sélection naturelle s'opère aussi inévitablement. Sur les cinq cents constructeurs d'ordinateurs et dix mille fournisseurs de logiciels actuels, tous ne vont pas survivre. Il faut que les petites entreprises se demandent si elles peuvent continuer seules, sans les ressources ni la crédibilité apportées par une grande société. Pour les entreprises dont le chiffre d'affaires commence à décliner, l'établissement de relations stratégiques est le seul moyen de retrouver une crédibilité, de se construire une nouvelle image. Ces entreprises en perte de vitesse ont besoin d'une véritable mutation : Osborne et Victor, deux constructeurs d'ordinateurs personnels ayant fait faillite, auraient dû s'intéresser davantage aux alliances stratégiques. Elles ne l'ont pas fait et elles ont purement et simplement disparu.

Pour certaines catégories de produits, comme les systèmes d'exploitation, une ou deux normes dominantes vont s'imposer dans les années à venir. L'établissement de relations stratégiques est donc particulièrement important pour les entreprises qui développent ces produits. Il faut qu'elles s'allient à d'autres fournisseurs pour tenter d'imposer leurs produits sur le marché.

Digital Research, Inc., gros fournisseur de systèmes d'exploitation et d'autres logiciels destinés à des ordinateurs personnels, ne manque pas de suivre ce conseil. La conclusion d'alliances stratégiques est à l'heure actuelle la pierre de touche de sa stratégie. Son système d'exploitation CP/M s'est imposé comme la norme pour les premiers micro-ordinateurs 8-bits, mais cette société a connu bien des difficultés lorsque des micro-ordinateurs 16-bits, comme l'IBM PC, ont commencé à remplacer les machines 8-bits moins puissantes. Microsoft, par le biais de son accord passé avec IBM, a imposé son MS-DOS qui est devenu la norme dans le monde des 16-bits, et Digital Research a vu le marché lui échapper.

Pour relancer ses activités, Digital Research a envisagé des relations stratégiques. Cette société avait plus de deux cents clients, mais aucun d'eux n'était des locomotives dans l'industrie ; il fallait que cela change. C'est pourquoi, dès 1983, Digital Research s'adressa à des grands de l'informatique, des communications et des semi-conducteurs, et signa des contrats de développement de logiciels pour Intel et Motorola, les deux principaux fabricants de micro-processeurs. Ensuite, elle accepta de développer une bibliothèque d'applications logicielles pour AT&T, ce qui lui conférait un lien avec le logiciel à succès UNIX mis au point par AT&T. Digital Research signa aussi un contrat avec IBM aux termes duquel le géant de l'informatique acceptait de commercialiser certains de ses programmes.

L'état d'esprit à Digital Research a considérablement changé. Avec ses nouvelles relations stratégiques, cette société a retrouvé sa position de premier plan en matière de système d'exploitation, et est sur le point d'occuper une position de premier plan pour la prochaine génération de logiciels d'exploitation.

Bien sûr, il ne suffit pas d'établir de nouvelles relations ; les entreprises doivent aussi savoir capitaliser les liens qu'elles ont tissés. C'est là que ZyMos a échoué. Ce petit fabricant de puces sur mesure a besoin de convaincre les clients de sa fiabilité. Dans l'environnement actuel, le marché a peur d'un petit fournisseur. Toutes les entreprises clientes connaissent une croissance si rapide qu'elles ont besoin d'un fournisseur fiable, et ne peuvent pas se permettre d'arrêter leur chaîne de production.

L'établissement de relations stratégiques est un moyen idéal d'apaiser les craintes des clients, et ZyMos a une liste impressionnante de partenaires. Cette société a conclu des accords technologiques avec de nombreuses entreprises de pointe, notamment Intel et Apple. Pourtant, ZyMos continue de proposer ses produits en faisant valoir leurs spécifications techniques ; nous nous sommes entretenus pendant une heure avec ses dirigeants et nous leur avons expliqué que faire valoir la technologie ne donne pas de bons résultats dans cet environnement. Il vaudrait mieux que ZyMos s'appuie sur ses relations avec Intel et Apple ; cette société a établi les bonnes relations, mais ne sait pas s'en servir.

La notion de relations stratégiques ne se limite pas aux secteurs de l'électronique et de l'informatique ; elle vaut aussi bien pour toutes les industries en évolution rapide. Ainsi, la conclusion d'alliances stratégiques peut jouer un rôle déterminant dans le secteur de la biotechnologie. Comme dans l'électronique, la majorité de l'innovation en biotechnologie est le fait de petites entreprises. Toutefois, ces dernières ont beaucoup de mal à mettre des produits sur le marché. En effet, beaucoup de produits relevant de la biotechnologie doivent être homologués par les pouvoirs publics, ce qui implique une procédure longue et coûteuse. Rares sont les petites entreprises qui disposent des ressources nécessaires pour attendre la fin du processus. Une alliance avec une grande société permet de résoudre ce problème, tout en conférant à la jeune entreprise la crédibilité et le poids commercial dont elle a besoin.

L'établissement de relations stratégiques a permis à Genentech de se propulser à la tête de l'industrie de la biotechnologie. Genentech jouissait déjà d'une certaine crédibilité dès ses origines, parce qu'elle était financée par l'une des sociétés de capital-risque les plus respectées, Kleiner Perkins Caufield & Byers. Grâce à cette crédibilité initiale, Genentech a pu attirer l'attention du géant pharmaceutique Eli Lilly. Les deux entreprises ont signé un accord aux termes duquel Genentech développe de l'insuline humaine en faisant appel à la technologie de l'ADN recombinant et Lilly fabrique et commercialise le produit. Cet accord apporte à Genentech les capacités de production et de marketing qu'elle n'aurait jamais eu les moyens de financer par elle-même. En outre, et c'est tout aussi important, l'alliance avec Lilly a conféré à la jeune entreprise une aura de crédibilité et l'a propulsée en tête de cette industrie naissante.

Les relations stratégiques semblent de plus en plus attrayantes, mais elles posent aussi des problèmes. Rien n'est sans inconvénient. En effet, de nombreux éléments vont à l'encontre de la formation de liens solides entre les entreprises. La plus grande source de problèmes entre les partenaires est peut-être l'insuffisance des communications. Souvent, des initiatives ne sont pas prises parce que chaque partenaire est convaincu qu'elles incombent à l'autre. Lorsqu'une nouvelle relation se noue, toutes les entreprises concernées doivent bien préciser leurs objectifs et leurs attentes. Il faut qu'elles soient d'accord sur tous les détails : ce qui doit être fait, par qui, et quand. Il faut aussi bien préciser les politiques financières et les responsabilités administratives. Dans certains cas, les entreprises cernent leurs marchés et leurs objectifs d'une manière si différente que les conflits sont permanents. Il est impératif de discuter et de résoudre ces types de différends philosophiques avant de conclure un accord.

Aux Etats-Unis, la loi anti-trust peut aussi poser un problème. Toutefois, compte tenu du défi économique lancé par les Japonais et autres concurrents internationaux, le gouvernement américain fait preuve d'une souplesse beaucoup plus grande et laisse les entreprises pratiquement libres de conclure des alliances. De fait, le gouvernement fédéral n'a opposé aucune objection à Microelectronics et Computer Technology Corporation, alliance d'une douzaine de constructeurs d'ordinateurs et de fabricants de composants électroniques constituée pour partager les coûts de recherche. Toutefois, d'autres relations risquent d'être combattues par les pouvoirs publics. C'est l'intention des partenaires qui détermine l'attitude des autorités : des relations conçues pour limiter la concurrence sont, et doivent être, inacceptables.

Un autre problème se pose : les petites entreprises risquent d'être excessivement dépendantes de leurs partenaires plus grandes qu'elles. C'est ce qui se passe dans le domaine militaire ; beaucoup d'entreprises travaillant pour la défense américaine doivent leur survie aux faveurs du Pentagone. Les entreprises qui dépendent d'une relation unique pour la poursuite de leurs activités risquent de connaître de graves difficultés. C'est ce qui est arrivé à MiniScribe, petite entreprise du Colorado qui fournit les unités de disques à IBM, et dont le stock a augmenté de plus d'un tiers lorsqu'IBM a changé ses habitudes d'achat. La situation peut être encore pire lorsqu'une grande société décide de procéder à une intégration verticale, et crée ses propres capacités de production de pièces qu'auparavant elle achetait à des sous-traitants. Les petites entreprises doivent savoir en permanence où elles se situent dans les plans de leurs partenaires, et ne jamais se mettre dans une position où leur survie même dépend de la poursuite de la relation établie.

Les bons clients

Quelle que soit l'entreprise, le client est l'élément clé. Les entreprises cherchent toujours à attirer de nouveaux clients. Cependant, beaucoup ignorent que la qualité de leur clientèle est souvent plus importante que la quantité.

De même que les entreprises doivent chercher à nouer des relations stratégiques, elles doivent aussi essayer de vendre à des clients stratégiques. Une liste prestigieuse de références peut conférer à une entreprise une réputation d'innovateur ou de leader technologique. Tandem, pionnier des ordinateurs « non-stop » qui ne tombent jamais en panne, a vendu son premier système à Citicorp à New York. Pour les observateurs, le message était clair : si Citicorp faisait confiance à Tandem, c'est que Tandem était un « gagnant ». *Business Week* publia peu après un article sur Tandem, relatant en partie son expérience à Citicorp. Si Tandem avait eu pour premier client une petite banque de province, elle aurait probablement mis beaucoup plus de temps à se faire sa réputation.

Des clients connus peuvent aider de plusieurs façons. Ils peuvent apporter un retour d'information intéressant, et donner à l'entreprise de nouvelles idées sur la manière d'améliorer un produit. En outre, les clients connus injectent des informations sur le fournisseur dans le réseau du bouche à oreille. Si chaque gros client en parle à deux autres, puis chacun d'eux à deux autres... on voit où cela mène.

Les entreprises doivent veiller à choisir les bons clients, avant même le lancement de leur produit. Le choix de clients pilotes appropriés pour expérimenter des versions préliminaires d'un produit peut être déterminant pour le succès final de celui-ci. Valid Logic, nouveau constructeur de systèmes de conception assistée par ordinateur pour l'industrie électronique, s'est aperçu que l'un de ses clients-tests, Convex Computer Corporation, lui faisait des suggestions intéressantes pour améliorer son produit. Convex, également jeune entreprise dynamique, mettait au point un superordinateur extrêmement sophistiqué, et était donc en mesure de pousser le système Valid Logic à ses limites. Dans un premier temps, les ingénieurs de Convex se sont plaints du système Valid, mais au fur et à mesure que Valid répondait aux critiques et modifiait son prototype, Convex devint un chaud partisan de Valid.

A son tour, Convex dut prendre une importante décision lorsqu'il lui fallut choisir un client pilote pour son superordinateur. Nous en avons longuement discuté avec ses dirigeants, à ce moment-là. Fallait-il s'adresser à une université ? Une administration ? Ou à un fournisseur de l'armée ? Chaque solution présentait des caractéristiques exclusives. L'expérience se révélerait différente avec chacun d'eux. Or, et c'était tout aussi important, ce premier choix allait contribuer au positionnement de l'entreprise. En choisissant un fournisseur de l'armée, Convex risquait d'être considéré comme travaillant pour la défense, et d'avoir du mal ensuite à vendre son produit sur le marché civil. En fin de compte, Convex choisit deux clients-tests : un fabricant de semi-conducteurs qui se sert de l'ordinateur pour la conception de puces et une compagnie pétrolière qui se sert de l'ordinateur pour des recherches géophysiques.

Pour déterminer à quels clients s'adresser, il faut procéder à une segmentation créative du marché. Beaucoup de fournisseurs de produits industriels ne se préoccupent guère de segmentation. Ils segmentent le marché géographiquement, ou bien font une distinction entre grandes et petites entreprises. C'est surtout vrai des jeunes entreprises. Demandez-leur : quel est votre marché ? La réponse est prévisible : les 500 plus grandes entreprises répertoriées par le magazine *Fortune*. Pour toutes, c'est la même formule magique : fournissez les 500 plus grandes entreprises et vous êtes voué à la réussite.

Il ne faudrait pas croire que le monde fonctionne de la sorte. Les 500 plus grandes entreprises répertoriées par *Fortune* sont de grandes organisations bureaucratiques. Elles ont de nombreuses règles et critères de qualification, et elles hésitent généralement à essayer des technologies et des produits nouveaux. Vendre à ces entreprises est l'aboutissement d'un processus long et fastidieux, qui prend un an ou plus. Les jeunes entreprises feraient mieux de s'adresser aux futures 500 plus grandes entreprises, c'est-à-dire celles qui ont le plus de chances de se développer et de réussir au cours des dix années à venir.

Celles-ci doivent prendre des décisions d'achat plus vite, sont plus susceptibles d'essayer des produits tout à fait nouveaux et leur croissance les amènera probablement à répéter leurs achats.

Découvrir les futures 500 plus grandes entreprises n'est pas une tâche nécessairement facile. Il n'est pas toujours évident de déceler quels seront les gagnants de demain. C'est parfois plus une question d'intuition que de chiffres. Il n'en reste pas moins vrai que les déceler à l'avance peut se révéler très profitable. ASK Computer, à Los Altos, Californie, qui vend des logiciels à des entreprises industrielles, a mis en œuvre ce type de stratégie : au lieu de s'adresser aux 500 plus grandes entreprises répertoriées par *Fortune*, elle a fait de la prospection et s'est adressée à d'autres sociétés de la Silicon Valley. Sa clientèle compte de nombreuses sociétés parmi celles qui connaissent la croissance la plus rapide du pays. Comme celles-ci ne traînent pas les pieds pour prendre des décisions d'achat, ASK a pu rapidement propulser son chiffre d'affaires au-delà de la barre des cent millions de dollars.

Il existe une autre approche de la segmentation du marché, d'ailleurs étroitement liée à la première, c'est la « séquence d'adaptation ». Les spécialistes des sciences sociales ont remarqué que les gens entrent dans quatre catégories selon la rapidité avec laquelle ils adoptent des idées et des produits nouveaux. Certains sont de vraies locomotives. Ce sont les innovateurs. Ensuite, viennent les adeptes de la première heure, puis la masse des adeptes de la dernière heure. Enfin, viennent les retardataires. D'après un ouvrage publié sur ce thème, près de 2,5 % du public sont des innovateurs, 13,5 % des adeptes de la première heure et 16 % des retardataires.

On peut reprendre ces catégories pour classer les entreprises. Les organisations ont des attitudes au même titre que les individus, et ces attitudes peuvent servir à positionner de nouveaux produits. Je n'introduirai qu'une modification : je me plais à penser que les entreprises « s'adaptent » aux nouvelles technologies plus qu'elles ne les « adoptent ». C'est pourquoi je qualifierai le processus de séquence d'adaptation.

La figure 8 décompose le marché des ordinateurs personnels en innovateurs, adeptes de la première heure, adeptes de la dernière heure, et retardataires. On peut voir que selon les groupes, les motivations et les attitudes sont très différentes. Les innovateurs sont fascinés par la technologie et sont prêts à se familiariser avec de nouveaux produits. A l'autre extrémité, les retardataires sont beaucoup moins au courant des nouvelles technologies et n'envisagent d'acheter un nouveau type d'ordinateur que si cela devient une absolue nécessité. Ils réagissent aux pressions de la concurrence. Vendre à ces différents groupes exige des stratégies très différentes.

Il est extrêmement tentant d'orienter sa stratégie de marketing vers les retardataires. Tout d'abord, il y a généralement beaucoup plus de retardataires sur le marché que d'innovateurs et d'adeptes de la première heure. De plus, les retardataires sont le plus souvent de grandes entreprises susceptibles de conférer une crédibilité immédiate à votre affaire.

Mais il est habituellement plus judicieux d'adresser des nouveaux produits aux innovateurs et aux adeptes de la première heure. Les innovateurs sont plus enclins à prendre un risque éventuel avec un nouveau produit ou une nouvelle

FIGURE 8 Séquence d'adaptation au marché

Critères d'adaptation	Petits ordinateurs de gestion/personnels			
	Innovateurs	**Adeptes de la première heure**	**Adeptes de la dernière heure**	**Retardataires**
Acceptation du produit	Fascination de la technologie	La dernière nouveauté	Solutions évidentes au problème	Absolue nécessité
Motivation	Mise en œuvre d'une idée nouvelle	Concurrence de type saute-mouton Amélioration de la rentabilité	Pression sociale/de la concurrence Crainte de l'obsolescence	Pressions extrêmes
Degré de confiance	Désir d'expérimenter Forte confiance en soi Haut risque	Essayer de nouvelles choses Risque raisonnable	Pas de risque Lent à changer Besoin de références	Résistance au changement Problèmes de culture Forte justification
Attitude à l'égard de l'éducation	Autodidacte Indépendant	Participation à des cours du soir	Participation à des séminaires Acheter un produit éprouvé Laisser les autres essuyer les plâtres	Envoi d'un délégué à un séminaire Besoin de preuves Facilité d'emploi
Critères d'acceptation	Technologie la plus récente Nouvelles caractéristiques Performance	Innovation Meilleur moyen de travailler Sélectif	Importance de la marque Satisfaction des besoins Importance des conditions de paiement	Coût le plus bas Conditions de paiement compétitives Très grande importance de la marque
Stratégie de vente	Une fois lancé, le produit se vend de lui-même Bouche à oreille	Bénéfices Références Bouche à oreille	Problèmes de coûts/assistance technique Besoin d'exemples Démonstration	Accroissement de la productivité Crainte

technologie. De plus, comme les innovateurs sont le plus souvent, quoique pas toujours, des petites entreprises, elles prennent des décisions d'achat plus vite. En outre, les actions des innovateurs exercent une influence sur tous les autres. Les innovateurs diffusent en effet une information sur le produit, par le bouche à oreille. Si des innovateurs achètent un produit, d'autres vont probablement suivre. En conséquence, vendre à un innovateur peut en fait apporter davantage de crédibilité que vendre à un retardataire, même si ce dernier est beaucoup plus grand et beaucoup plus connu. Comme les innovateurs exercent une influence sur les entreprises en aval dans la séquence d'adaptation, la crédibilité qui entoure le produit ne fait que croître.

Un vice-président de General Electric a fait une remarque qui corrobore cette idée. GE est un gros client d'Intel, et je classerai ce groupe parmi les adeptes de la dernière heure. GE s'est engagé à utiliser le micro-processeur 8086 d'Intel pour toute une série de ses produits. Toutefois, alors que je m'en entretenais avec un membre de l'état-major de GE en 1982, celui-ci n'était pas sûr de la décision. Il m'a fait remarquer que beaucoup de sociétés innovatrices de la Silicon Valley, notamment Apple et Fortune Systems, avaient décidé d'adopter le micro-processeur 68000 de Motorola. Néanmoins, le 8086 d'Intel détenait toujours la plus grosse part de marché, et sur sa liste de références figuraient beaucoup de grandes entreprises. Et pourtant, la puce Motorola acquérait un certain prestige. Il m'expliqua son hésitation : « Ces jeunes entreprises de la Silicon Valley frappent nos imaginations. Si nous devions prendre la décision aujourd'hui, nous n'opterions pas pour le 8086 ».

Les grandes entreprises peuvent parfois se permettre d'attendre que les retardataires se mettent à acheter un produit. Elles peuvent alors vendre de grandes quantités de leurs produits aux retardataires. Mais les petites entreprises n'ont pas la possibilité d'attendre que les retardataires s'intéressent à leurs produits ; il faut donc qu'elles s'adressent aux innovateurs, de préférence aux plus connus. Si je démarrais une entreprise fabriquant des unités de disques, et si j'avais le choix entre des clients comme Apple, Xerox, AT&T ou une entreprise débutante comme Metaphor, je choisirais probablement Apple et Metaphor. Je vendrais peut-être moins d'unités, mais je me ferais ma réputation. Au lieu de dépenser des millions de dollars en promotion, je me fierais tout simplement au bouche à oreille.

Bien sûr, il n'est pas toujours facile de déceler les innovateurs dans un secteur d'activité. Tous les innovateurs ne sont pas des petites entreprises. Certaines divisions de grandes organisations peuvent être des innovateurs. Chez le géant bancaire Citicorp, par exemple, la division informatique est un innovateur. Chez Xerox, certaines divisions sont des innovateurs, d'autres des retardataires. Il importe donc de comprendre les forces organisationnelles qui entrent en jeu dans les grandes entreprises pour décider de s'adresser ou non à certaines divisions. Intel a un programme spécial qui identifie les divisions qui, chez d'éventuels clients, sont des innovateurs, et celles qui ne le sont pas. D'autres entreprises pourraient tirer parti de programmes de ce type.

La presse

Si je mets cette rubrique en dernier, c'est que je considère qu'elle doit passer en dernier. Beaucoup d'entreprises font passer en premier les relations avec la presse. Elles veulent faire sensation avant même d'avoir positionné leurs produits. Elles pensent qu'un bon article dans *Business Week* ou *Fortune*, ou *The Wall Street Journal* peut leur créer des marchés et résoudre leurs problèmes. Elles sont convaincues qu'une campagne bien orchestrée dans les médias peut compenser des carences au niveau de la qualité du produit, des relations avec la clientèle et d'autres compétences fondamentales de marketing.

Ces idées sont totalement dépassées. Les relations avec la presse ne peuvent changer la réalité. Les relations avec la presse ne créent pas une entreprise, elles la reflètent. Les relations avec la presse ne peuvent remplacer une stratégie globale de marketing. Les entreprises doivent d'abord se positionner et prendre pied sur le marché. Ensuite, et seulement ensuite, elles doivent se préoccuper de faire parler d'elles.

Après avoir démystifié l'importance des relations avec la presse, il faut bien reconnaître leur aspect positif : maniées adroitement, elles peuvent constituer un volet intéressant de la stratégie de marketing. De fait, une entreprise n'a guère de chances de succès sans de bonnes relations avec la presse. Elle peut perdre dans la presse et gagner encore sur le marché à court terme, mais ce n'est plus possible à long terme.

Les relations avec la presse n'ont pas besoin d'être doucereuses ; c'est une affaire sérieuse. Une fois qu'un produit est positionné, la presse peut contribuer à renforcer et à élargir la crédibilité acquise par le produit et l'entreprise. La presse peut apaiser les craintes des clients et les rassurer au sujet des nouvelles technologies. Dans des industries nouvelles et en évolution rapide, les journalistes peuvent jouer le rôle d'évangélistes, en prêchant la nouvelle technologie.

La publicité peut pratiquement remplir les mêmes fonctions, mais les relations avec la presse sont généralement plus efficaces et crédibles. Les articles publiés dans la presse écrite sont perçus comme plus objectifs que les publicités. Si une entreprise parvient à gagner les faveurs de la presse, son message a davantage de chances d'être reçu et cru.

Les relations avec la presse servent un second objectif : elles permettent à une entreprise d'obtenir un retour d'information intéressant. Les communications fonctionnent à double sens : les entreprises peuvent apprendre beaucoup des journalistes. Comme les analystes et d'autres observateurs spécialisés, les journalistes sont un microcosme dans l'ensemble du monde. En parlant avec les journalistes compétents, une entreprise peut découvrir beaucoup sur la manière dont le monde perçoit son organisation et ses produits. Ce type d'information en retour est indispensable à toute entreprise qui cherche à affiner son image de marque.

Si une entreprise a surveillé l'environnement et réfléchi à son positionnement, elle ne doit avoir aucun mal à imaginer le message qu'il convient de livrer à la presse. Ce message est le résultat naturel du processus de positionnement. Mais il n'est pas toujours facile de diffuser ce message de façon efficace. Communiquer a l'air d'être très simple, et pourtant peu d'entreprises le font bien.

De bonnes relations avec la presse prennent du temps,

exigent une planification et un suivi constant. Il faut aussi comprendre comment les journalistes travaillent et comment l'information est communiquée. J'ai élaboré un ensemble de principes directeurs qui pourront être utiles pour mettre au point une stratégie efficace de relations publiques.

Comprendre le rôle du journaliste — Les journalistes tiennent à leur rôle d'observateurs indépendants. Ils n'aiment pas les entreprises qui essaient outrageusement de les influencer ou de les mettre de leur côté. Ils ne veulent pas être considérés comme un prolongement des efforts promotionnels de l'entreprise. L'idée même qu'un article puisse être une publicité rédactionnelle est dégradante pour le journaliste et pour le journalisme.

Les entreprises doivent fournir des informations sans essayer de les manipuler. De toute façon, une manipulation risque de se retourner contre son auteur. Litronix, qui vendait des diodes électro-luminescentes au début des années 1970, l'a appris à ses dépens. Quand son chiffre d'affaires commença à diminuer, cette société pensa qu'un article dans *Business Week* lui donnerait un petit coup de pouce. Bien entendu,*Business Week* fut intéressé par l'article, mais il fut publié sous le titre « Une étoile s'éteint ».

Ne pas solliciter la presse trop tôt — Il est bien entendu que personne ne recherche des commentaires négatifs dans la presse avant même le lancement d'un produit. Cependant, des commentaires positifs peuvent être tout aussi nuisibles. En effet, un article favorable publié alors que le produit est encore en cours de développement risque de susciter des attentes auxquelles le produit aura du mal à répondre. Si les problèmes se multiplient et, de ce fait, ralentissent le cycle de développement, comme c'est souvent le cas, tout le monde sera au courant.

C'est un piège dans lequel est tombée Synapse Computer. Synapse avait des références impressionnantes. Lancée par un groupe d'ingénieurs de Data General, cette société envisageait de construire des ordinateurs qui supporteraient des erreurs ou des défaillances et ne tomberaient jamais en panne. Elle avait de très grandes chances de réussir sur le marché, mais elle a commis l'erreur de dire au monde entier qu'elle était supérieure à ses concurrents avant de l'être effectivement. Ses dirigeants ont commencé à diffuser des publicités et des communiqués de presse alors qu'ils travaillaient encore dans les ateliers désaffectés d'une fabrique de bougies. Les espérances grandissaient. Puis, expérimentés auprès de clients pilotes, les ordinateurs Synapse connurent les problèmes techniques habituels ; rien d'anormal à tout cela, si ce n'est que Synapse était alors le point de mire. Les journalistes attendaient Synapse au coin du bois, et ne manquèrent pas de faire état des difficultés du constructeur. La crédibilité de Synapse s'effondra comme un château de cartes. Qu'il ait ou non résolu les problèmes techniques, ce constructeur se trouvait au bas d'une pente bien difficile à remonter.

Ne pas donner une image fausse — Lorsqu'un poussin sort de sa coquille, il regarde autour de lui et cherche sa mère. Si la première chose qu'il voit est un être humain, il suppose que cet être humain est sa mère, et il gardera cette impression une fois pour toutes. C'est ce qu'on appelle l'empreinte perceptive. Souvent, les clients se comportent de la même manière. Quand une entreprise qui démarre met sur le marché son premier produit, les clients se font une image de l'entreprise, et celle-ci aura la vie dure. On n'a jamais une deuxième chance de faire une première impression.

Une petite entreprise spécialisée dans les réseaux de communications pour ordinateurs, 3Com, a fait en sorte d'éviter cet écueil en se montrant patiente. Elle a mis au point le premier réseau destiné à relier entre eux des ordinateurs personnels et compatibles avec Ethernet, norme qui s'est imposée pour les gros ordinateurs. Cependant, 3Com a été confrontée à un dilemme de promotion : tous les éléments du réseau n'étaient pas prêts en même temps. Elle a voulu lancer chaque élément — le logiciel, le contrôleur, le modem — dès qu'il était prêt, de façon à réaliser déjà des recettes et acquérir une expérience du marché, mais elle ne voulait pas être perçue comme un fournisseur de composants. Elle voulait être considérée comme un fournisseur de systèmes complets. Sur notre conseil, 3Com attendit de disposer de tous les éléments avant de commencer à communiquer son message à des analystes et journalistes. La stratégie a donné d'excellents résultats : cette société est aujourd'hui solidement positionnée en tant que fournisseur de systèmes.

Mettre en place l'infrastructure — La plupart des journalistes font de la collecte d'opinions. Plutôt que de présenter leur propre analyse, ils préfèrent citer les autres. Et les paroles de qui rapportent-ils ? Le plus souvent, ils citent des membres de l'infrastructure de l'industrie, c'est-à-dire des analystes financiers, des consultants, des distributeurs et les premiers clients. Dans ce sens, l'infrastructure sert de mécanisme de filtrage, aidant les journalistes à distinguer la réalité de la fiction.

Il faut que les entreprises tirent parti de ce mécanisme de filtrage. Il faut qu'elles éduquent et mettent de leur côté les membres de l'infrastructure avant de s'adresser à la presse. Si une entreprise essaie de faire parler d'elle dans *The New York Times* ou *The Wall Street Journal* sans avoir au préalable rallié les suffrages de l'infrastructure, elle risque de se heurter à de graves difficultés. En effet, les reporters iront glaner des informations auprès de leurs sources habituelles — les membres de l'infrastructure — et l'entreprise ne sera pas nécessairement ravie de ce qui sera écrit sur elle. En conclusion, ce que les membres de l'infrastructure disent d'une société a une grande importance.

Rencontrer les journalistes un par un — Beaucoup d'entreprises construisent leur stratégie à l'égard de la presse autour de communiqués de presse et de conférences de presse. Ce ne sont pas les moyens les plus efficaces de faire passer un message. Les magazines nationaux reçoivent des milliers de communiqués de presse toutes les semaines ; il est difficile de se faire entendre dans tout ce brouhaha. Beaucoup de communiqués de presse sont jetés sans même être lus.

De même, les conférences de presse ne sont pas très efficaces ; elles posent deux problèmes : premièrement, les journalistes hésitent à poser leurs meilleures questions dans le cadre d'une conférence de presse, parce qu'ils ne veulent pas donner des idées à la concurrence ; deuxièmement, les centres d'intérêts varient d'un support médiatique à l'autre. Ainsi, le magazine *Byte* veut des informations techniques chiffrées. Les magazines d'information, pour leur part, veulent connaître les grandes tendances et les implications sociales. Il est impossible de satisfaire tout le monde. Les informations abondent, mais les bonnes communications sont rares. Une conférence de presse est un spectacle agréable, mais la presse n'y trouve pas toujours son compte, pas plus que l'entreprise.

Il vaut donc mieux que les entreprises rencontrent des membres de la presse individuellement. Un tête-à-tête prend plus de temps, mais impressionne davantage le journaliste qui reçoit aussi mieux le message. En outre, les messages peuvent être adaptés au public : un pour les revues professionnelles, un pour les magazines économiques, un troisième pour la presse d'intérêt général. Là encore, la règle des 90/10 s'applique : 10 % de la presse exerce une influence sur les 90 autres pour cent. On voit à quel point il importe de sélectionner les membres les plus influents de la presse et de les rencontrer personnellement.

Eduquer les médias — Les relations avec la presse doivent être considérées comme un processus d'éducation. Les industries de croissance se diversifient, se fragmentent, deviennent plus complexes et difficiles à comprendre. Parallèlement, la masse d'informations disponibles est beaucoup plus grande sur chaque facette de chaque industrie. Pour la plupart des journalistes, tout cela est source de confusion croissante.

Il faut donc que les entreprises aident les journalistes à mettre de l'ordre dans tout ce chaos, pour qu'ils puissent présenter une description convaincante des tendances et technologies naissantes. Au lieu de se contenter de lancer des idées à la presse, il faut que les responsables des relations publiques soient prêts à passer le temps nécessaire pour l'éduquer. Les entreprises devraient traiter les journalistes aussi bien que leurs plus gros clients. Il ne suffit pas de présenter un nouveau produit dans une conférence de presse de six cents personnes et de dire « voici ».

Tisser des relations à long terme — Il faut du temps pour établir de bonnes relations avec la presse. C'est un processus continu et non un événement ponctuel. Harceler les médias pour faire passer tout de suite un article réussit rarement. La plupart des reportages sur des entreprises prennent des mois, voire des années, à prendre forme. Il faut être patient.

Les entreprises devraient considérer les relations avec la presse comme un investissement permanent. Il se rentabilisera avec le temps. Une fois que l'on a établi de bonnes relations avec les médias, on est en mesure de présenter des nouveaux produits plus efficacement. En outre, on peut participer à la rédaction d'articles de portée plus générale sur les tendances de l'industrie, et l'on risque moins d'être victime de pures spéculations intellectuelles de la part des journalistes. Ces derniers vous seront déjà acquis avant que vous ne les sollicitiez.

Voir au-delà des produits — Dans les secteurs qui se créent, la presse s'intéresse exclusivement aux produits. Les articles sont généralement naïfs et superficiels, et paraissent surtout dans la presse professionnelle. Cependant, lorsqu'une industrie entre dans sa phase de maturité, sa couverture dans la presse devient aussi plus mature. Les journalistes apprennent, posent des questions, cherchent à en savoir davantage et surtout à comprendre. La presse économique et grand public s'intéresse aussi de plus en plus à la question.

Il faut que les entreprises abordent la presse économique et la presse grand public d'une manière différente de la presse professionnelle. En effet, il faut beaucoup moins mettre l'accent sur la performance et les caractéristiques du produit. Les journalistes aguerris savent qu'un avantage technologique est de courte durée. Il vaut mieux que les entreprises expliquent comment elles s'intègrent dans l'environnement présent et futur. Si les produits sont discutés, ils doivent l'être dans un plus large contexte tel que le bureau du futur ou l'usine de demain. La presse est à l'affût du moindre indice de ce que sera l'avenir.

Etre honnête avec les mauvaises nouvelles — Quand une mauvaise nouvelle tombe, cela ne sert à rien d'ergoter avec la presse. Un homme politique m'a dit un jour : « Ne vous querellez jamais avec quelqu'un qui trempe sa plume dans le vinaigre ». Etre honnête permet de marquer des points avec la presse. Dans des situations négatives, le style et le comportement d'une entreprise exercent une grande influence sur la manière dont la presse perçoit l'entreprise et sur ce qu'elle écrira à son sujet.

Il est presque toujours absurde de cacher les mauvaises nouvelles. Il vaut mieux les faire connaître, au moins c'est fait et on n'en parle plus. Si vous essayez de cacher la nouvelle, elle sera toujours présente et pourrira la situation. L'incident de Three Mile Island en est un exemple classique. La Commission chargée de la réglementation en matière nucléaire tenta de retenir l'information, et la confiance du public n'a cessé de s'effriter. En revanche, Johnson & Johnson a joué franc jeu avec les journalistes lors de l'affaire du Tylenol, et ce produit a depuis lors retrouvé sa crédibilité sur le marché.

Impliquer la direction générale — Dans la plupart des entreprises, la direction générale ne se préoccupe de la couverture dans la presse que lorsque celle-ci est négative ou lorsque celle de la concurrence est très positive. Je suis convaincu que la direction générale doit jouer un rôle plus actif dans les relations avec la presse, et dans le marketing en général.

Le plus souvent, surtout dans les petites entreprises de haute technologie, la personnalité et la culture de l'entreprise sont le fait de l'équipe dirigeante. Au fur et à mesure que l'entreprise se développe et que les plans de marketing prennent de l'ampleur, la personnalité de l'entreprise tend à disparaître. Les membres de l'équipe dirigeante sont alors les seuls à pouvoir communiquer les idéaux et le caractère profond de l'entreprise ; ce sont les seuls à pouvoir offrir une image simple et homogène de l'ensemble de l'entreprise.

Si l'on interpose plusieurs groupes de personnes entre la direction de l'entreprise et le journaliste, ce dernier ne percevra jamais véritablement le moteur de l'entreprise. Si, en revanche, la direction générale rencontre régulièrement des journalistes, des analystes financiers et des représentants du personnel, tout le monde y gagnera. Chaque groupe acquerra ainsi une meilleure compréhension des positions de l'autre.

On risquera ainsi moins de malentendus, de défiance et

de surprise. C'est un travail qu'aucune agence de relations publiques ne peut faire sans la participation de la direction générale.

Reconstitution du puzzle

Il y a plusieurs années, un industriel très connu m'a dit que la réussite de toute entreprise est fondée sur deux choses : l'établissement de relations et la patience.

Nulle part ce n'est plus vrai que pour le positionnement sur le marché. En effet, aucune activité de positionnement sur le marché — le bouche à oreille, l'infrastructure, les relations stratégiques, les bons clients, la presse — ne garantit à elle seule le succès. De plus, aucune d'elles n'apportera le succès du jour au lendemain. Il faut beaucoup de temps pour établir des contacts et tisser des relations.

Mais si l'on associe tous ces éléments, et si l'on y consacre suffisamment de temps, il est quasi certain qu'ils donneront de bons résultats. Ils conféreront reconnaissance et crédibilité à l'entreprise et à ses produits. Il faudra du temps, mais cela en vaut la peine.

Si vous avez l'argent, on pense que vous avez aussi le savoir.

TEVYE, *Un violon sur le toit*

5 Positionnement de l'entreprise : il n'y a qu'une chose qui compte

Achèteriez-vous un ordinateur à Osborne Computer Corporation ? Probablement pas. La société existe encore, mais elle a connu une faillite dont on a beaucoup parlé. Aujourd'hui, tout le monde a des doutes à l'égard de ce constructeur, avec quelque raison. Maintenant, même si Osborne lançait le meilleur ordinateur personnel du monde, et élaborait la meilleure stratégie possible pour le positionnement, le public s'en méfierait encore. Bref, Osborne a perdu son positionnement en tant qu'entreprise.

Il est difficile à une entreprise de réaliser un positionnement solide, et encore plus difficile de le recouvrer. Tout comme le positionnement d'un produit confère à celui-ci une présence unique sur le marché, le positionnement de l'entreprise confère à celle-ci une présence également unique.

Le positionnement de l'entreprise dépend de nombreux paramètres, tels que les points forts de sa gestion, son histoire et même la personnalité de ses dirigeants. Un entrepreneur réputé peut contribuer au positionnement d'une nouvelle entreprise. Des hommes tels que Bob Noyce d'Intel et Jerry Sanders d'Advanced Micro Devices ont imprimé une personnalité unique à leur entreprise. La réputation de Noyce, co-inventeur du circuit intégré, dans les cercles d'ingénieurs, a grandement facilité le positionnement d'Intel comme leader technologique. De même, Sanders, magicien du marketing, a aidé AMD à se forger une réputation de solidité en la matière.

Cependant, le paramètre de loin le plus important dans le positionnement d'une entreprise est sa réussite financière. Sans réussite financière, tout le reste devient inutile. Une entreprise qui ne réalise pas de profits ne maintiendra pas très longtemps sa position. Lorsqu'on achète des produits complexes comme des ordinateurs ou du matériel de télécommunications, on prend un engagement à long terme et on ne veut pas s'adresser à un fournisseur qui connaît des difficultés financières.

Le corollaire est également vrai. On est plus rassuré si l'on achète des produits complexes à une entreprise qui présente un bilan confortable. Comme le dit Tevye dans *Un violon sur le toit* : « Si vous avez l'argent, on pense que vous avez aussi le savoir ».

Le positionnement de l'entreprise est la dernière étape dans l'effort de positionnement. En effet, les sociétés doivent d'abord positionner leur produit. Ensuite, le produit doit être reconnu sur le marché. Enfin, et seulement enfin, l'entreprise peut acquérir une position solide pour elle-même.

Dernier du trio, le positionnement de l'entreprise renforce chacune des deux étapes précédentes. Un fort positionnement de l'entreprise peut valider le positionnement de ses produits ainsi que son positionnement sur le marché. En se positionnant solidement, l'entreprise rend ses autres positions à la fois plus fortes et plus durables.

Avec les puces de mémoire vive, les Japonais en donnent un bon exemple. Tout d'abord, les fabricants japonais de semi-conducteurs ont pris la décision de positionner leurs produits comme des composants de très grande qualité. Ils ont organisé les opérations de fabrication de façon à réduire au minimum les risques de défauts. Ils ont aussi sélectionné quelques clients clés, comme Hewlett-Packard et IBM, et ont procédé à des tests et essais supplémentaires pour s'assurer que les puces livrées à ces clients présentaient une qualité irréprochable.

Les Japonais se sont bien positionnés sur le marché lorsque Hewlett-Packard a commencé à soumettre des puces américaines et japonaises à des tests comparatifs. Les puces japonaises présentaient moins de défauts, dans les tests successifs, et HP annonça publiquement les résultats de ses bancs d'essai. En fait, HP publia intégralement ses résultats et présenta ainsi les Japonais comme des « gagnants ».

Après les tests effectués par HP, les puces japonaises de mémoire vive ont rapidement accaparé une bonne part du marché. D'autres clients ont procédé à des vérifications sur d'autres types de puces japonaises et se sont aperçus que, là encore, elles étaient de très grande qualité. Bientôt, les fabricants japonais de semi-conducteurs s'étaient positionnés de façon solide en tant que fournisseurs de grande qualité.

Parfois, une entreprise peut se positionner sur la base d'un ou de deux produits clés seulement, que je qualifierai de « produits-vitrines ». Si une entreprise choisit soigneusement ses produits-vitrines, et les présente ostensiblement au public, elle pourra se tailler une solide réputation, même si le reste de sa gamme de produits n'est que médiocre. Dans ce cas, l'image devient réalité.

Les produits-vitrines sont particulièrement importants dans les activités de haute technologie. Il est difficile de produire en grande série des produits qui se situent à la pointe de la technologie. D'une manière générale, ce sont des produits chers et rares. C'est sur les articles produits en grande série que les entreprises gagnent le plus d'argent, mais ce sont généralement des produits courants, rarement à la pointe de la technologie. Les entreprises sacrifient une partie de la performance lorsqu'elles conçoivent un produit destiné à une fabrication en grande série. En outre, il faut généralement du temps pour résoudre tous les problèmes de production. Au moment où le produit de série arrive en fin de compte sur le marché, des produits nouveaux, faisant souvent appel à une technologie plus avancée, existent déjà.

Pour les entreprises, tout est une question de dosage. Il leur faut quelques produits-vitrines pour se créer une image de dynamisme technologique, mais il leur faut aussi des produits de grande série pour alimenter le fonds de roulement. Prenons le cas d'Intel : il faudra probablement encore longtemps avant que ses micro-processeurs 32-bits lui rapportent autant d'argent que ses micro-processeurs 16-bits. Mais ce sont les puces 32-bits qui font la une des revues techniques. Elles confèrent à Intel une image de leader technologique, déterminante pour le positionnement d'Intel. L'image de leader technologique est un facteur rassurant, qui conforte les clients désireux de se fournir chez le meilleur.

Si une entreprise réussit à accéder à une position forte, elle peut en tirer beaucoup d'avantages. En effet, le positionnement de l'entreprise a tendance à avoir des effets durables. Prenons le cas des fabricants japonais de microprocesseurs que nous avons évoqués précédemment. Les fabricants américains de semi-conducteurs ont amélioré la qualité de leurs produits qui rejoint maintenant le niveau des produits japonais, mais beaucoup de clients restent convaincus que les puces japonaises sont de meilleure qualité.

Le bon positionnement d'une entreprise peut s'accompagner d'autres avantages, notamment :

Frais de vente plus faibles — Quand une entreprise détient une position forte, le marché accepte ses nouveaux produits plus facilement parce qu'ils portent cette marque-là. Les vendeurs de l'entreprise n'ont pas besoin de se battre pour s'imposer.

Prix plus élevés — Les entreprises qui jouissent d'une forte position peuvent parfois demander des prix plus élevés. Pendant longtemps, Advanced Micro Devices a pu pratiquer des prix supérieurs à la moyenne de l'industrie en raison de sa réputation de production de grande qualité.

Pénétration plus rapide du marché — Les médias s'intéressent généralement davantage aux entreprises qui détiennent des positions fortes.

Fidélité de la clientèle — Les clients préfèrent se fournir chez un leader incontesté.

Locomotive pour les produits — Tous les produits d'une entreprise ne sont pas champions du monde. Un bon positionnement de l'entreprise permet à celle-ci de vendre ses produits faibles aussi bien que ses produits forts.

Recrutement facilité — Les sociétés qui sont des leaders peuvent recruter les meilleurs talents, parce que les gens ont envie de travailler dans des entreprises « gagnantes ».

Fidélité du personnel — Un bon positionnement de

l'entreprise encourage le personnel à s'identifier au succès de celle-ci. Il confère un but et une orientation à toute l'organisation.

Quotient cours-bénéfices supérieur — Les investisseurs sont attirés par les entreprises qui occupent une position forte.

Bien entendu, tous ces avantages disparaîtront si les profits de l'entreprise commencent à diminuer. Nous l'avons d'ailleurs déjà dit, la rentabilité est le facteur le plus important de positionnement d'une entreprise. Dès que les profits baissent le marché commence à s'inquiéter, et tout est remis en question.

Tandem Computer en est un exemple : Tandem a été la première société à vendre des ordinateurs « non-stop », c'est-à-dire des ordinateurs qui ne tombent jamais en panne. Depuis la livraison de son tout premier ordinateur en 1976, Tandem s'est taillé une réputation de grande qualité. Sa technologie était à la pointe du progrès et son positionnement sur le marché était solide.

Mais lorsque les bénéfices de Tandem ont chuté en dessous des prévisions au début de 1984, des analystes ont commencé à en rechercher les raisons. Ils ont déterminé que la technologie et le positionnement de Tandem étaient en perte de vitesse. Ils firent valoir dans leurs rapports que de jeunes entreprises menaçaient directement Tandem. Le positionnement de Tandem, durement gagné, commença lui aussi à s'effriter.

La vérité est que les produits et la technologie de Tandem étaient tout aussi solides qu'avant. Les entreprises qui démarraient ne constituaient pas véritablement une menace. Les problèmes de Tandem étaient plus complexes, et concernaient les prévisions et la fixation des prix. Les problèmes eux-mêmes furent vite résolus, mais le mal était déjà fait. De toute évidence, la performance financière a eu un impact majeur sur les efforts de marketing de Tandem.

Trilogy Systems a connu des difficultés bien pires encore avec son positionnement. Cette société a été fondée par Gene Amdahl, un des génies de l'industrie informatique. Amdahl a des références impressionnantes tant en qualité d'ingénieur qu'en qualité d'entrepreneur. En effet, Amdahl Corporation, société qu'il fonda en 1970, réalise actuellement un chiffre d'affaires de 462 millions de dollars.

C'est pourquoi lorsque Trilogy annonça des projets de développement d'une gamme d'ordinateurs puissants faisant appel à une nouvelle technologie de semi-conducteurs, elle put rapidement se positionner comme un leader technologique. Elle n'eut aucun mal à rassembler des capitaux, et bénéficia de beaucoup de publicités favorables. Mais ce positionnement était fragile. En effet, lorsque la société commença à avoir des difficultés financières en 1984, sa crédibilité s'effondra. Tout le monde commença à se demander si Amdahl pourrait relancer l'affaire.

Le public ne se préoccupe pas autant de la stabilité financière des fabricants de biens de grande consommation. La ménagère n'hésite pas à acheter un tube de dentifrice ou un baril de lessive d'une marque en faillite. La plupart des consommateurs ne savent même pas qui fabrique le dentifrice dont ils se servent.

L'achat d'un produit coûteux relevant de la haute technologie constitue un tout autre engagement. Si le fournisseur fait faillite, qui en assurera le service ? Qui fournira les pièces de rechange ? Dès qu'un constructeur d'ordinateurs, comme Osborne, Magnuson ou Victor, connaît des difficultés financières, plus personne ne veut acheter ses produits. Personne ne sait en effet si le constructeur existera encore dans six mois.

Quand une entreprise perd son positionnement, la seule chose à faire est de recommencer tout le processus de positionnement depuis le début. Elle doit repartir de zéro et renforcer le positionnement de son produit, puis s'attaquer au positionnement sur le marché. Enfin, elle pourra essayer de refaire son propre positionnement.

C'est ce qu'a fait Intel au cours de la récession de 1981-82. Tous les fabricants de semi-conducteurs ont vu leurs profits baisser, et certains ont même perdu de l'argent. Intel avait les faveurs de Wall Street depuis dix ans, mais on commençait à se poser des questions à son sujet. Beaucoup d'analystes se demandaient si les marges bénéficiaires d'Intel retrouveraient leur niveau d'antan. Tout était à craindre avec le départ de quelques membres particulièrement compétents du personnel et le rétrécissement de sa part de marché. On a même commencé à remettre en cause les pratiques de gestion d'Intel. Plus personne ne voyait en Intel un innovateur ou un leader technologique.

Intel a réagi en faisant porter ses efforts sur ses produits et leur positionnement. Cette société a lancé plus de cent produits nouveaux en 1981, ce qui constitue son propre record. Progressivement, Intel a déplacé ses efforts sur la technologie et les produits. A la fin de la récession, les profits reprirent et Intel regagna son image de leader.

La performance financière, en tant que critère de positionnement, ne peut que prendre de l'importance. Avec les bases de données informatisées, les gens peuvent obtenir instantanément des informations financières. Ainsi, si un directeur d'usine envisage l'achat d'un équipement sophistiqué, il peut appuyer sur un bouton et obtenir le profil financier complet d'un fournisseur de cet équipement. Si celui-ci ne présente pas la solidité financière voulue, l'acheteur s'adressera probablement à un concurrent.

Je me suis trouvé un jour dans une situation tout à fait comparable. Un ami me téléphone et me demande ce que je sais sur Inmos, fabricant britannique de semi-conducteurs. Mon ami a pour mission de distribuer des fonds pour la recherche, et il envisage de financer un projet d'Inmos. J'interroge la base de données et j'obtiens tous les chiffres publiés sur cette société. Je m'aperçois que le poste des dépenses est énorme et qu'Inmos perd beaucoup d'argent.

Je communique l'information à mon ami qui décide de ne pas financer le projet d'Inmos. En effet, il ne voudrait pas financer une entreprise qui perd de l'argent. La technologie d'Inmos se situait peut-être à la pointe du progrès, mais son positionnement était vraiment mauvais.

Les directeurs financiers ne devraient jamais oublier cette histoire. La stratégie de positionnement n'est pas seulement l'affaire des directeurs du marketing, c'est l'affaire de tous les dirigeants. Les résultats financiers peuvent miner le positionnement d'une entreprise, ou au contraire le renforcer et faire de cette entreprise un leader de l'industrie.

Si vous ne savez pas où vous allez, vous risquez bien d'arriver ailleurs.

CASEY STENGEL

6 L'élaboration d'une stratégie : trois étapes pour réussir

Savoir ou l'on va

Dans l'esprit de beaucoup, la Silicon Valley détient la recette du succès : il suffit de concevoir des produits nouveaux, « conviviaux », faisant appel à la technologie de pointe, de proposer aux clients une solution globale répondant à leurs besoins et de choisir la clientèle parmi les 500 plus grandes entreprises répertoriées par le magazine Fortune. Bien mélanger tous ces ingrédients, et le chiffre d'affaires doit atteindre les cinq cents millions de dollars en cinq ans.

Beaucoup d'entrepreneurs pensent que le succès est aussi facile que ça. Les entrepreneurs viennent me voir par dizaines chaque année avec des projets qui ne diffèrent pas beaucoup de ce qui vient d'être énoncé et qu'illustre la figure 9. Malheureusement, lancer un nouveau produit ou créer une nouvelle entreprise est loin d'être aussi simple. Bien sûr, une technologie avancée et du bon sens sont des points importants, mais l'entreprise ne réussira jamais tant qu'elle n'aura pas cerné et acquis une position unique pour ses produits et pour elle-même sur le marché. L'élaboration d'une stratégie de positionnement solide est la clé du succès en marketing.

Comment une entreprise peut-elle élaborer une telle stratégie ? C'est précisément l'objet de ce chapitre. Dans les quatre chapitres précédents, j'ai exposé les idées sous-jacentes au positionnement dynamique. Il est temps, maintenant, de voir comment les entreprises peuvent mettre ces idées en application. Comment une entreprise peut-elle identifier les bons créneaux pour ses produits ? Comment peut-elle apprécier les tendances et attitudes du marché ? Comment peut-elle convertir ces tendances en une stratégie valable ?

L'élaboration d'une stratégie de positionnement comporte trois étapes. Tout d'abord, l'entreprise doit bien se connaître : ses points forts et ses points faibles, ses objectifs et ses rêves. Les dirigeants doivent avoir une vision cohérente de la culture et des objectifs de l'entreprise. Si plusieurs dirigeants ont des visions très divergentes, l'entreprise ne sera jamais en mesure d'élaborer une stratégie de positionnement solide.

Ensuite, il faut comprendre l'environnement du marché. C'est plus délicat que cela peut paraître. La plupart des entreprises recueillent des statistiques sur le comportement des clients, après quoi ils prennent des décisions en se fondant sur les données du marché. Cette approche quantitative est extrêmement satisfaisante pour tous les gestionnaires férus de chiffres. Dans la plupart des cas, toutefois, elle occulte la réalité. Il vaudrait mieux que les entreprises suivent des approches plus qualitatives pour comprendre l'environnement. Il faut que les directeurs du marketing aient une perception intuitive du marché. Au lieu de jongler avec les chiffres, les entreprises auraient tout intérêt à se mettre à l'écoute des frustrations et des aspirations des clients. Leurs remarques ne se prêtent pas au tracé d'un graphique, mais permettent une meilleure compréhension du marché.

Enfin, l'entreprise doit se fonder sur cette masse d'informations pour décider d'une stratégie de positionnement. Il n'existe pas de formule unique. Tout comme le monde est émaillé d'une immense variété de technologies et de produits, il est aussi envahi d'une prolifération de stratégies de positionnement. Chaque entreprise doit trouver son propre chemin vers le succès. Avant d'arrêter une stratégie, il faut que les dirigeants, avec une grande ouverture d'esprit, sollicitent toutes sortes d'avis. Ensuite, une fois que

FIGURE 9 Le rêve de l'entrepreneur

Marché :	500 plus grandes entreprises répertoriées par *Fortune*
Potentiel :	500 millions de dollars en 5 ans
Image espérée :	Type IBM
Produits :	Conviviaux
Conception des produits :	Innovatrice
Technologie :	De pointe
Apport au client :	Solution totale
Croissance de l'industrie :	Dynamique
Concurrence :	Non perçue (création d'une nouvelle activité)
Pourquoi maintenant :	Opportunité
Marketing :	Agressif, mondial
Financement :	Capital-risque
Capitalisation :	10 millions de dollars
Valeur des actifs :	100 millions de dollars
Siège social :	Silicon Valley
Direction générale :	Anciens de la profession
Date de fondation :	Janvier 1983
Fondateur :	Ex-Intel
Responsable technique :	Ex-Hewlett-Packard
Responsable marketing :	Ex-IBM
Effectifs salariés :	3
Fabrication :	Bas coût
Points forts :	Management
Points faibles :	Aucun perçu
Pourquoi des relations publiques ? :	Introduction en bourse en trois mois.

la stratégie est en place, ils doivent être prêts à ajuster celle-ci aux conditions du marché.

Dans ce chapitre, nous allons voir chacune de ces trois idées-forces du processus de positionnement : comprendre sa propre entreprise, comprendre l'environnement et, enfin, arrêter une stratégie de positionnement.

L'audit interne : connais-toi toi-même

Il est surprenant de voir le nombre d'entreprises qui ont du mal à répondre à la question simple : « Quel est votre métier ? » Récemment, une de mes collaboratrices a interrogé sept personnes travaillant chez Cohesive Network Corporation, jeune entreprise de la Silicon Valley. Elle leur a posé cette question apparemment anodine et a obtenu sept réponses différentes. L'un de ses interlocuteurs a fait valoir les applications des produits, un autre a surtout parlé de la technologie mise en œuvre dans les produits, un autre encore s'est attaché à décrire la nature du marché.

De toute évidence, Cohesive souffrait d'une grave crise d'identité. Cette société développait un bon produit, mais elle n'avait pas encore réussi à développer à l'intérieur une identité cohérente. Cela a-t-il vraiment de l'importance ? Eh bien oui. Si les dirigeants d'une entreprise n'ont pas une vision claire et homogène du but qu'ils poursuivent, ils risquent bien de se heurter à des difficultés avant de l'atteindre. Comme l'environnement du marché évolue avec le temps, l'entreprise risque de ne pas se rendre compte qu'elle aussi doit évoluer. Pire encore, il peut y avoir conflit entre les dirigeants quant à la démarche d'adaptation. Des querelles intestines risquent de paralyser l'entreprise pendant que l'industrie, elle, progresse.

Theodore Levitt, professeur à Harvard, en a présenté un exemple classique dans son article traitant de « la myopie du marketing ». Levitt décrit la situation difficile dans laquelle se trouvent les chemins de fer. Si les sociétés ferroviaires géantes s'étaient définies comme des « sociétés de transport », elles auraient pu réagir plus efficacement à l'avènement des transports aériens. En fait, les chemins de fer ont considéré les avions comme des concurrents, et non comme une occasion de se moderniser.

Des situations de ce type abondent aujourd'hui. Avoir une vision claire mais flexible de la mission de l'entreprise est plus important que jamais, en ces périodes de changement rapide. Il y a quelques années, une entreprise a tenté de commercialiser des logiciels musicaux ; cette initiative se solda par un dépôt de bilan parce que le marché ne se développa pas aussi vite que prévu. Pour elle, son métier c'était la musique sur ordinateur. Si elle l'avait défini différemment — utilisation créative d'ordinateurs, ou même loisirs assistés par ordinateur — elle aurait eu de meilleures chances de succès. Elle aurait alors pu s'adapter plus efficacement à l'évolution de l'environnement. De même, les maisons d'édition auraient tout intérêt à se considérer comme des « sociétés d'information » si elles veulent survivre à la prochaine décennie.

Parallèlement, il est impératif que chaque entreprise comprenne les facteurs « culturels » internes qui constituent son moteur. On a beaucoup écrit dernièrement sur la culture des entreprises, et celle-ci peut effectivement être une force puissante. Si une entreprise réussit à se faire une culture qui mette l'accent sur la qualité et la fiabilité, tout le personnel sera incité à travailler davantage pour atteindre ses objectifs. De même, une entreprise dont la culture stimule l'innovation a plus de chances de mettre au point des produits vraiment nouveaux.

Dans les jeunes entreprises, les entrepreneurs fondateurs jouent un rôle déterminant dans la définition de la culture. Bill Hewlett et Dave Packard ont depuis longtemps légué la gestion quotidienne de leur entreprise, mais ils continuent d'y exercer une profonde influence au travers des normes culturelles qu'ils y ont instaurées. Il ne faut pas que les fondateurs se précipitent, mais au contraire qu'ils prennent le temps de soupeser les qualités culturelles qu'ils souhaitent conférer à leur entreprise. Si une société compte plusieurs fondateurs, ceux-ci doivent s'assurer que leurs visions de l'entreprise se rejoignent.

La compréhension des forces internes d'une entreprise devrait être naturelle, et pourtant bien souvent il n'en est rien. Beaucoup de dirigeants se focalisent tellement sur les forces extérieures qui influent sur leur entreprise — nouvelles technologies, nouveaux concurrents, nouveaux marchés — qu'ils en oublient de regarder ce qui se passe à l'intérieur.

Quand nous entamons une mission pour un nouveau client, la première chose que nous faisons est de forcer l'entreprise à entamer une recherche sur elle-même. A cet effet, nous avons mis au point un processus formel que nous appelons « audit interne », au cours duquel nous sondons les mécanismes internes de l'entreprise afin de découvrir ce qui la fait véritablement marcher, et de nous assurer qu'il n'y a pas antagonisme entre différentes parties de l'entreprise.

D'une manière générale, nous rencontrons cinq ou six dirigeants clés. Nous prévoyons toujours un entretien avec le président et le vice-président du marketing, mais nous rencontrons aussi généralement les vice-présidents des études techniques, de la gestion financière et de la fabrication. Chaque entretien dure environ une heure et demie. Nous en profitons pour poser des questions générales sur l'histoire de l'entreprise, ses produits, ses marchés, ses concurrents et ses buts. Nous demandons aussi à notre interlocuteur de parler de lui-même, et de la manière dont il perçoit son rôle dans l'entreprise.

Nous procédons à ces audits en partie pour nous familiariser avec le nouveau client et recueillir des informations en vue des efforts de communication à venir, mais surtout parce que l'audit facilite l'élaboration d'une stratégie de positionnement. En effet, les perceptions et attitudes des dirigeants d'une entreprise jouent un rôle critique dans le positionnement de celle-ci. Chez National Semiconductor, par exemple, le PDG, Charlie Sporck, est avant tout un homme de fabrication. Son souci dominant de la fabrication se répercute dans toute l'entreprise. Il était donc naturel que le marché considère National comme une société de production, capable de sortir de grandes quantités de produit à bas coût.

En étudiant les perceptions et les attitudes des dirigeants pris individuellement, nous pouvons aussi mettre en évidence les incompatibilités et les conflits qui les séparent et nous faire une idée des attentes de l'entreprise. A l'issue de l'audit interne, nous procédons généralement à un « audit externe » des observateurs clés de l'industrie et des clients potentiels afin de déterminer si les buts et attentes de l'entreprise sont effectivement réalistes. (Les audits externes sont traités plus en détail, ci-après.)

Bien sûr, les questions que nous posons dans un audit interne varient d'une entreprise à l'autre et, dans une moindre mesure, d'une personne à l'autre au sein de la même entreprise. Voici, à titre d'exemple, la liste des principales questions posées lors de l'audit interne d'une société de création de logiciels :

- — Quel est votre métier ?
- — Décrivez votre marché ; a-t-il atteint sa phase de maturité ?
- — Quels sont, à votre avis, les points forts et les points faibles de votre entreprise ? Techniques, financiers, culturels, autres ?
- — D'après vous, quels sont aux yeux du public vos points forts et vos points faibles ?
- — Qui sont vos concurrents ? Quels sont leurs points forts et leurs points faibles ?
- — Quelles orientations envisagez-vous de prendre dans un avenir proche et à plus long terme ? C'est-à-dire, quelle est votre stratégie commerciale en ce qui concerne les systèmes d'exploitation, les langages et les logiciels d'application ?
- — Quels sont les facteurs clés de réussite dans chacun des segments de marché énoncés précédemment ?
- — Combien de temps vous faudra-t-il pour mettre en œuvre votre stratégie dans chacun de ces segments ?
- — Quelles sont les tendances dans chacun de ces segments de marché ?
- — Quel pourcentage des ressources de l'entreprise allez-vous consacrer à chaque segment de marché ?

Avec ces questions, auxquelles s'en ajoutent d'autres, nous ne cherchons pas tant à réunir des faits et des chiffres sur l'entreprise mais plutôt des informations qualitatives, telles que des sentiments et des impressions. Nous évitons de faire des hypothèses prématurées, et nous voulons seulement stimuler la réflexion du client. Souvent, nous laissons le client s'exprimer à bâtons rompus de façon à en apprendre davantage sur ses impressions cachées. Ce qui nous importe surtout, c'est de découvrir si tous les membres clés de l'équipe dirigeante sont au même diapason, et quelle est la solidité de leur conviction.

Même avec des questions simples, un audit interne peut mettre en lumière des informations et des indications importantes sur l'entreprise. Prenons, par exemple, la dernière question de la liste ci-dessus. Il s'agissait d'estimer le pourcentage des ressources à consacrer au développement de langages de programmation, et les dirigeants ont donné des réponses cohérentes. En effet, toutes se situaient entre 20 et 30 %. En revanche, pour les systèmes d'exploitation, les réponses ont oscillé entre 25 et 75 %. Pour les logiciels grand public, les estimations ont aussi grandement varié.

Ces divergences ont mis en évidence une importante césure dans l'entreprise. Une analyse plus qualitative des commentaires des dirigeants a corroboré ce résultat. L'entreprise semblait divisée en deux camps qui, à maints égards, se sabotaient mutuellement. Un camp, mené par un dirigeant partisan du marketing grand public du style Procter & Gamble, voulait que l'entreprise fasse porter ses efforts sur les logiciels de loisirs. L'autre, mené par un dirigeant de formation plus technique, voulait que l'entreprise se consacre à des logiciels d'exploitation, ce qui est un plus petit marché, mais dans ce domaine l'entreprise avait déjà fait ses preuves.

Un audit interne mené dans une autre entreprise, spécialisée dans les communications, a dévoilé un type de conflit différent. Nous nous sommes aperçus que l'ingénieur chargé du développement du logiciel pensait être le grand reponsable technique de l'entreprise. Tout aurait été très bien si l'ingénieur chargé du développement du matériel n'avait pas pensé la même chose.

La plupart des entreprises, surtout les petites qui connaissent une croissance rapide, étouffent ces conflits. Elles n'en tiennent aucun compte jusqu'à ce que la performance de l'entreprise commence à fléchir. Rien de tel pour aggraver les difficultés. Il est indispensable que chaque membre de l'équipe dirigeante comprenne son rôle au sein de l'entreprise, et que tous partagent une vision commune des plans et des objectifs de la société.

Pour avoir cette vision commune, il faut que les différentes parties de l'entreprise comprennent les besoins et les aspirations des autres. En particulier, les responsables du marketing et de développement des produits doivent travailler en étroite collaboration et se comprendre mutuellement. Dans beaucoup d'entreprises de haute technologie, ils n'ont pratiquement aucun contact. Les commerciaux élaborent des stratégies de positionnement sans même consulter les ingénieurs d'études, et certainement sans comprendre véritablement le processus de développement de produits.

Ce cloisonnement, cette césure entre marketing et études techniques, est un problème grave. Plus les technologies de pointe se répandent dans un nombre croissant de secteurs, plus les responsables du marketing, partout, ont besoin d'apprendre à présenter et à symboliser une technologie. Ils doivent rendre simple une technologie complexe. Ils doivent apaiser les craintes des clients et créer une aura de familiarité autour de la technologie.

C'est une tâche difficile, dont les objectifs semblent parfois incompatibles. Il faut que les responsables du marketing fassent savoir au client que le produit est à la pointe de la technologie et présente des aspects passionnants. Il ne faut surtout pas qu'ils dépouillent le produit de sa technologie, car les gens aiment avoir un produit qui fasse appel au dernier cri de la technique. Celui-ci doit être un symbole de progrès, une sorte de symbole de la position sociale.

C'est ce qu'Ed Gelbach d'Intel a appelé un jour le « syndrome de l'hexachlorophène ». Dans les années 1960, un fabricant de dentifrice a fondé sa publicité sur un ingrédient secret appelé hexachlorophène, et pourtant bien peu de consommateurs comprenaient ce terme. Aujourd'hui, les clients veulent absolument un « processeur 16-bits » bien qu'ils ne connaissent pas la différence entre un bit et un octet. Parallèlement, les clients ont besoin d'être rassurés sur la nouvelle technologie. Il faut que les responsables du marketing trouvent des moyens de mettre les clients à l'aise avec les technologies et idées nouvelles.

Pour traduire des technologies nouvelles complexes en symboles et messages appropriés, il faut que le responsable du marketing comprenne et connaisse le processus technologique. Sans cela, il est impossible de créer des messages de marketing qui captent l'importance et la signification du produit. Il est toujours utile d'aller observer la fabrication d'une nouvelle ligne de produits, que ce soient des puces, des ordinateurs ou des écrans vidéo. Cela confère une vie à la technologie.

Mieux encore, le produit doit être vu aux stades préliminaires de la conception. Je me rappelle avoir vu la puce 8086 d'Intel au tout début des études techniques. Le plan du circuit couvrait tout un mur. Chez Genentech, j'ai vu une photo de fibres d'ADN et on m'a expliqué que ces fibres étaient le début d'une chaîne pouvant produire de l'insuline humaine pure. Dans chaque cas, j'ai saisi la complexité du produit et j'étais alors mieux à même de communiquer tout ce qu'il y avait de passionnant dans la nouvelle technologie.

Les ingénieurs d'études eux-mêmes peuvent fournir d'importantes indications de marketing. En fait, le personnel technique m'a donné plus de bonnes idées que le personnel de marketing. Les spécialistes techniques ont une sorte de connaissance intuitive qui ne se dégage pas de la fiche de spécifications. Bien sûr, certains ingénieurs ne sont pas très bavards. Mais d'autres sont capables de parler de la technologie d'une façon presque poétique. Ils ont vécu avec le produit et comprennent la technologie en profondeur. Ils sont capables d'expliquer pourquoi la technologie est importante, et vers quoi elle s'oriente.

Les entreprises dans lesquelles le personnel commercial ne se mélange pas au personnel technique passent souvent à côté de grandes opportunités. Les commerciaux sont en fait relativement ignorants des produits et des technologies de leur entreprise. Xerox est tombé dans ce piège et en a d'ailleurs souffert. Les chercheurs du Centre de recherche de cette société à Palo Alto ont été à l'avant-garde de l'informatique individuelle : ils sont à l'origine de beaucoup des technologies reprises par Apple pour son Macintosh, malheureusement les responsables du marketing de Xerox n'ont jamais été à même d'apprécier la valeur de ces technologies avancées. Xerox a lancé de nombreuses technologies - la souris et l'écran graphique, par exemple — avec son ordinateur Star deux ans avant Macintosh, mais les responsables du marketing de Xerox n'ont pas su bien positionner le produit. Ils ne se sont pas rendu compte de la puissante technologie dont ils disposaient. Beaucoup d'ingénieurs d'études déçus ont quitté Xerox et sont entrés chez Apple où ils ont contribué à faire de ces mêmes technologies un succès grand public.

L'audit externe : une approche qualitative

Aucune entreprise ne peut élaborer une stratégie de positionnement dans le vide. Même avec une technologie avancée, même avec des prix bas, même avec une vaste distribution, une entreprise ne réussira que si elle appréhende pleinement l'environnement du marché dans lequel elle vend ses produits. Elle doit donc comprendre les points forts et les points faibles de ses concurrents, les attitudes des clients potentiels, ainsi que les tendances sociales et politiques du pays. Un produit ayant lamentablement échoué aurait pu être un fantastique succès s'il avait été lancé six mois plus tôt, ou six mois plus tard. Tout dépend de l'environnement du marché.

Les entreprises doivent répondre aux besoins des clients, et non pas simplement produire des biens. A cet effet, elles doivent maîtriser et comprendre l'environnement. Dans les secteurs connaissant une évolution rapide, cette tâche est particulièrement difficile et importante, car l'environnement est en permanente mutation. Ce n'est que grâce à une surveillance constante et créative de l'environnement que les entreprises peuvent efficacement positionner leurs produits.

La plupart procèdent à des études de marché pour déterminer le niveau de la demande de la clientèle. Mais les aspects qualitatifs du marché sont bien plus importants. En surveillant le marché, une entreprise peut apprendre comment vont évoluer les clients réceptifs, et quels obstacles mentaux va t-elle devoir vaincre pour faire accepter ses nouveaux produits et technologies. Elle peut ainsi mieux cerner les attentes des clients, leur niveau de compréhension ainsi que leur désir d'être éduqués.

Il y a quelques années, des constructeurs de machines-outils à commande numérique se sont aperçus que les ouvriers dans des industries de transformation ayant atteint le stade de maturité, comme celle du tabac, rejetaient les nouvelles machines numériques. Pourquoi ? Des entretiens ont révélé que les ouvriers avaient l'habitude de faire fonctionner un matériel qui avait des manettes et des leviers. Or, pour faire fonctionner les nouvelles machines à commande numérique, les ouvriers devaient appuyer sur des boutons, et ça ne leur plaisait pas. Ils préféraient tourner des boutons à molettes comme ils l'avaient toujours fait. Les constructeurs se sont donc mis à équiper leurs machines de boutons à molettes et non de boutons poussoirs.

Lorsque Apple lança son premier ordinateur individuel en 1976, il lui fallut compter avec les attitudes de la clientèle. Les fondateurs d'Apple avaient pleinement conscience des craintes du public à l'égard des ordinateurs, et ils firent en sorte de les apaiser. Ils choisirent pour raison sociale « Apple » avec pour symbole la pomme en arc-en-ciel parce que c'était plus sympathique au public que « Computec » ou « Alphatecdyne ». Et le logo coloré rendait les machines encore moins intimidantes.

Peter Drucker, expert en management, a remarqué que les entreprises ne savent pas vraiment répondre à la question « Quel est votre métier ? » tant qu'elles ne comprennent pas les attitudes et les façons de voir des clients. Il s'explique sur ce point :

> *Ce n'est pas le producteur, mais le consommateur, qui détermine l'activité d'une entreprise. Celle-ci ne se définit pas d'après la raison sociale, les statuts ou les actes de constitution, mais par la volonté de satisfaire le client lorsque celui-ci achète un produit ou un service. Il n'est donc possible de répondre à cette question qu'en regardant l'activité de l'extérieur, du point de vue du client et du marché.*

Pour tenter de comprendre les désirs et les besoins de la clientèle, la plupart des entreprises procèdent à des études de marchés et des analyses statistiques. Dans certains secteurs parvenus au stade de maturité, ces techniques fonctionnent très bien. Des fabricants de pneus, par exemple, ont mis au point des analyses statistiques de la demande qui établissent un lien entre les ventes de pneus et les ventes d'automobiles. Par ailleurs, des fabricants de dentifrice peuvent en grande partie fonder leurs prévisions de la demande sur des données démographiques indiquant le nombre de personnes entrant dans chaque catégorie d'âge.

Toutefois, ces techniques statistiques ne donnent pas de bons résultats dans des industries en évolution rapide qui progressent en territoire inexploré. Lorsqu'on crée de nouveaux marchés, personne ne sait vraiment où il va. Il faut être le plus créatif. John Sculley, directeur d'Apple, avoue se méfier des analyses quantitatives. « Les seules données quantitatives que j'utilise concernent ce qu'ont fait les gens, et non ce qu'ils vont faire. Aucune grande décision de marketing n'a jamais été prise sur des données quantitatives. »

De fait, les statistiques du marché sont rarement significatives dans les secteurs mouvants. Prenons, par exemple, le secteur des logiciels pour ordinateurs personnels. Prévoir la taille de ce secteur est pure conjecture. En 1983, trois organismes réputés d'études de marché ont essayé de prévoir la croissance du secteur des logiciels pour ordinateurs individuels. Ils n'ont même pas réussi à se mettre d'accord sur la taille du marché jusqu'en 1982. Lorsqu'ils ont tenté de calculer quelle devait être la taille de ce secteur en 1987, les chiffres ont fusé tous azimuts, allant de 3,7 milliards à 13,6 milliards de dollars. Que peut-on en conclure ? Pas grand chose. On peut retenir les chiffres que l'on veut et leur faire dire également ce que l'on veut.

Ce cas est loin d'être unique. Dans les marchés de croissance, rares sont les prévisions qui se sont avérées justes. Même la Semiconductor Industry Association, qui collecte des données directement auprès des entreprises de ce secteur, est habituellement loin du compte avec ses chiffres. Les enquêtes menées auprès de la clientèle n'apportent pas grand-chose non plus. En effet, les clients sont toujours enthousiastes quand on leur parle de futurs produits, mais ils ne les achètent pas nécessairement lorsqu'ils arrivent sur le marché. Souvent, la demande de produits qui n'existent pas encore semble infinie.

Malgré tout, les prévisions de marché prolifèrent. A l'instar des économistes, les responsables des études de marché n'ont pas honte d'accumuler les échecs. Il semble que les chiffres aient le pouvoir de sécuriser les gens, c'est pourquoi tout le monde essaie de faire des statistiques, même si elles n'ont guère de sens. Rares sont les directeurs du marketing qui, dans une réunion, osent affirmer : « Nous ne disposons d'aucun chiffre fiable ». Au contraire, les directeurs du marketing fabriquent souvent des chiffres pour justifier leurs plans.

Les chiffres sans fondement scientifique envahissent l'industrie, au point parfois de l'emprisonner. Ainsi, lorsque *Business Week* publia en 1979 un article sur les utilisations commerciales des super mini-ordinateurs, il n'existait aucune prévision du marché. Alors, un rédacteur de *Business Week* se rendit dans trois entreprises et en une demi-heure traça un graphique pour illustrer l'article. Quelques semaines plus tard, ce même journaliste travaillait sur un article traitant des imprimantes. Un grand fabricant d'imprimantes reprit le graphique de *Business Week* et s'en servit pour justifier la stratégie et les plans de production de sa société.

Le problème est dû, en partie, à la manière dont les écoles de gestion forment leurs étudiants. En effet, ceux-ci apprennent à appuyer leurs travaux sur des théories abstraites et une planification quantifiée. Ils appréhendent mal la manière dont fonctionnent en réalité les industries en évolution rapide. Tektronix, grand fabricant d'appareils électroniques, l'a appris à ses dépens il y a quelques années. Consciente de la nécessité d'adopter une orientation plus commerciale, la société Tektronix a embauché un groupe de jeunes diplômés d'écoles de gestion s'intéressant plus particulièrement au marketing. Ils sont arrivés chez Tektronix armés de graphiques et de théories, mais n'ont fait qu'aggraver la situation. Ils n'avaient aucune notion des caractéristiques propres au secteur des appareils électroniques, et ne firent pas le moindre effort pour les découvrir. Quelques années plus tard, la quasi-totalité des jeunes cadres dynamiques ainsi recrutés était partie. Et pourtant, Tektronix avait toujours besoin de compétences en marketing, mais elle avait appris à ses dépens qu'il ne suffisait pas d'une fournée de jeunes diplômés pour pallier cette carence.

La méthode des cas, appliquée dans beaucoup d'écoles de gestion, pose d'autres problèmes. En effet, les étudiants apprennent ainsi par analogie. Or, pour beaucoup de nouveaux marchés, il n'existe pas d'analogie. Par exemple, les ordinateurs individuels n'obéissent pas aux mêmes règles que les chaînes hi-fi ou les produits électroniques grand public. Ils n'obéissent même pas aux mêmes règles que les gros ordinateurs. Dans les nouveaux secteurs d'activité, il faut réécrire le manuel tous les jours.

Les approches classiques du marketing posent toutes le même problème : elles tentent de prévoir avec précision l'imprévisible. Malheureusement, on ne peut mesurer que ce qu'on maîtrise. Et on ne peut maîtriser la manière dont les gens réagiront à de nouveaux développements. Les intéressés eux-mêmes ne le savent pas. Avant 1984, de nombreux sondages ont tenté de prévoir comment la population américaine allait réagir à la candidature d'une femme à la vice-présidence des Etats-Unis. Ces sondages n'ont rien donné. Tant que les gens n'ont pas été réellement confrontés à la candidature de Geraldine Ferraro, ils étaient incapables de répondre d'une manière significative.

Il est encore plus difficile de faire des prédictions quand il s'agit de produits de haute technologie. En 1976, très peu de gens pensaient avoir besoin d'un ordinateur personnel. Une étude de marché classique aurait fait apparaître un marché de quelques centaines de machines, mais pas de plusieurs millions. Ce ne fut que lorsque les entreprises ont mis sur le marché des programmes nouveaux et utiles que le public s'est rendu compte qu'un ordinateur personnel pouvait effectivement se révéler un outil efficace.

Conscientes de ce problème, certaines entreprises particulièrement dynamiques ont passé outre aux résultats des études de marché. Chez Activision, grand producteur de programmes de jeux vidéo, personne ne procède à une étude de marché tant que le jeu n'est pas prêt. James Levy, PDG d'Activision, s'explique à ce sujet : « Les études de marchés tuent autant de bons jeux que de mauvais. Ce n'est pas un outil absolu. On ne sait jamais ce que donnera un nouveau produit tant qu'il n'est pas dans la rue ».

Levy est convaincu que dans les secteurs mouvants, il faut que les entreprises se méfient des chiffres. « Les gens veulent tout prévoir. Ils essaient de tout transformer en une science. Ils n'aiment pas l'incertitude. Mais pour réussir dans ce métier, il faut bien vivre avec l'incertitude et s'accommoder des surprises. Il faut accepter un certain degré d'incertitude, cela fait partie de la vie. »

De fait, c'est l'insécurité qui est le moteur de développement des nouveaux marchés. C'est l'insécurité qui met les entreprises à l'écoute du changement. Les informations statistiques, avec l'illusion de certitude y afférent, confèrent à tort un sentiment de sécurité. Les entreprises qui croient aux données statistiques sont moins vigilantes et attentives aux changements qui s'opèrent sur le marché. Or, dans des secteurs en évolution rapide, on ne peut se permettre le moindre laxisme.

Si les directeurs du marketing ne peuvent se fier aux chiffres, comment peuvent-ils comprendre l'environnement du marché ? Ils doivent faire appel à un mélange d'intuition et de sens aigu de l'adaptation. Il faut en quelque sorte qu'ils sentent le marché, tout comme un joueur de poker sent ses adversaires. C'est certes beaucoup moins scientifique que l'analyse statistique, mais le fait est que les résultats obtenus sont plus satisfaisants.

Acquérir un sens du marché, un sens intuitif du marché, ce n'est pas facile. Rares sont ceux qui peuvent expliquer comment ils procèdent. Un bon vendeur n'est pas nécessairement capable d'expliquer sa technique, mais il sait exactement quand conclure une vente. De même, un directeur de marketing performant se contente d'affirmer : « Je ne peux pas dire, je ressens simplement le marché comme cela ».

On ne peut acquérir ce type de sixième sens qu'en consacrant beaucoup de son temps au marché. Il faut vivre et respirer au rythme du marché. il faut entretenir en permanence un contact avec les participants au marché. Cela peut surprendre en notre ère de la communication électronique, mais c'est vrai que les relations interpersonnelles sont plus importantes que jamais.

Certains hommes de marketing passent leur temps à comparer des fiches techniques, à préparer des sondages, à animer des sessions de formation, à rédiger des notes de service. Mais les notes de service ne font pas le marché. A mon avis, les hommes de marketing devraient passer la moitié de leur temps sur la route : rencontrer des clients, parler aux gens, nouer des relations, cerner la cible du prochain produit. De fait, des conversations avec des participants au marché fournissent souvent plus d'indications qu'une longue liste de statistiques ou un ensemble de théories sophistiquées. En marketing, l'expérience a plus de valeur que la logique. Les diplômés d'Harvard pensent qu'ils vont enseigner au monde entier comment commercialiser un produit, mais l'expérience est beaucoup plus précieuse.

Dans la majorité des aspects de la vie occidentale, la logique est reine. Notre philosophie nous encourage à décomposer les choses et à les analyser. Cela vaut aussi pour la manière dont l'ingénieur voit le monde : tout ce qu'il ne peut pas mesurer est non pertinent ou illogique. Cette approche sous-estime la valeur de l'intuition. Quand on décompose les choses en sous-éléments, quand on les réduit à des statistiques, on perd ce sens de l'intuition qui est si important. Lorsqu'on convertit une perception en statistiques, on dépouille la perception de sa richesse.

Pour beaucoup, se fier à l'intuition est assez effrayant. Or, les hommes de marketing les plus efficaces se fient à leur intuition. John Sculley d'Apple affirme que les décisions de marketing les plus importantes qu'il ait prises dans sa vie ont été des décisions intuitives. Il ne faut pas voir dans l'intuition une valeur négative ; ce n'est qu'une autre forme de la connaissance. L'intuition naît essentiellement de l'expérience plus que de la réflexion intellectuelle ou analytique. On capte des informations par ses sens, on en fait le tri au niveau du subconscient, et c'est alors que naît l'intuition. Elle peut paraître floue, mais elle est tout aussi valable que d'autres formes de pensée.

Dans une approche intuitive, il est important de

rechercher des structures logiques, des tendances et des relations, et non des chiffres bruts. Des études statistiques peuvent révéler, par exemple, que 10 % des clients sont déçus des produits. Mais cela ne dit pas si cette proportion est en augmentation ou au contraire en diminution. Cela ne dit pas non plus à quel point les clients sont déçus ni si les clients déçus sont des personnalités influantes et qui savent se faire entendre.

Des groupes centrés peuvent fournir ce type d'information qualitative. Au sein de ces groupes, des clients potentiels expriment directement leurs idées et points de vue. Trop souvent, malheureusement, les informations émanant de ces groupes sont quantifiées avant même d'être communiquées aux décideurs. Cette information filtrée perd considérablement de son utilité pour permettre de comprendre les attitudes et points de vue des clients. Il vaut donc mieux que les principaux décideurs entendent directement les clients.

Des informations qualitatives peuvent provenir de toutes sortes de sources. Il m'est arrivé de glaner une masse d'informations utiles en restant tout simplement au comptoir d'un magasin d'ordinateurs ou de produits électroniques. A l'époque des premières calculatrices, j'ai vu quelqu'un en prendre une dans chaque main pour voir laquelle était la plus lourde. Et il a acheté le modèle le plus lourd. C'est ainsi que j'ai suggéré à un fabricant qui était mon client d'alourdir ses calculatrices. C'est ce qu'il fit, et son chiffre d'affaires grimpa. Le poids conférait un certain sérieux aux calculatrices.

C'est le type d'information que l'on n'obtient pas en allant interroger dix mille personnes et en dressant une liste de ce qu'elles aiment et de ce qu'elles n'aiment pas. Il faut savoir observer. C'est en se rendant dans suffisamment de boutiques qu'on se fait une idée du processus de vente. On voit ce que demandent les clients, ce qui les fait hésiter, et on comprend leurs craintes.

Beaucoup de directeurs du marketing sont tellement enamourés de leur produit qu'ils deviennent sourds à la critique et insensibles au marché. Ils consacrent tout leur temps à vanter les qualités de leur produit. Ils vendent à tout le monde et n'écoutent personne. Ils confondent leur point de vue et celui du marché. Le directeur du marketing de Spectra-Physics, conscient de ce problème, m'a avoué s'être séparé d'un consultant extérieur parce que ce dernier commençait à les croire. Il est indispensable de conserver un point de vue neuf et impartial du marché, et ce n'est possible qu'en parlant avec les clients et en les écoutant.

Quand on va interroger les clients, on n'a pas besoin de s'adresser à un échantillon « statistiquement représentatif ». Il suffit de trouver les bons interlocuteurs. J'ai travaillé récemment pour une société de télécommunications connaissant un développement rapide. Au lieu de mener une enquête auprès de cinq cents personnes, je suis allé m'entretenir avec les directeurs des télécommunications de Coca-Cola, McGraw-Hill, et une douzaine d'autres grandes entreprises. J'ai vite cerné les questions clés intéressant les clients des télécommunications. Il faudrait que les directeurs de marketing se rendent régulièrement chez les clients. C'est probablement l'un des meilleurs outils d'étude de marché qui existent.

C'est ce même principe que nous appliquons lorsque nous effectuons des « audits externes » pour le compte de nos clients. Le but d'un audit externe est de recueillir des informations et des indications en provenance de l'environnement. Ces informations servent ensuite à élaborer une stratégie de positionnement. L'audit externe peut faire office de mise à l'épreuve de la réalité des perceptions exprimées par les dirigeants de l'entreprise au cours de l'audit interne décrit précédemment. Parfois, l'audit externe révèle que les dirigeants cernent parfaitement le marché. D'autres fois, on s'aperçoit que les dirigeants sont tout à fait à côté des réalités du marché, et qu'il faut totalement changer les plans de positionnement.

Au cours de l'audit, nous interrogeons des personnes appartenant à des groupes différents : des clients existants, des clients en puissance, des revendeurs, des experts du secteur concerné, des analystes financiers et peut-être des journalistes compétents. Dans l'ensemble, une douzaine de personnes. Pour un fabricant de semi-conducteurs, ce pourrait être cinq jeunes entreprises susceptibles d'acheter des semi-conducteurs, cinq acheteurs habituels de semi-conducteurs et cinq analystes de ce secteur.

Au cours de ces entretiens, nous ne recherchons ni faits ni chiffres précis. D'une manière générale, nous ne parlons même pas du produit concerné. Nous cherchons plutôt à dégager des structures logiques, des attitudes et des opinions susceptibles d'influer sur le processus de pensée. Par exemple, nous voulons voir si les gens sont prêts à accepter une nouvelle technologie. Sont-ils désireux d'essayer quelque chose de différent et de nouveau ?

Nous posons, par exemple, des questions telles que :

— Parmi les produits existant actuellement sur le marché, quels sont ceux que vous préférez ? Pourquoi ?

— A votre avis, où va le marché ? Quelles sont les tendances les plus importantes ?

— Que pensez-vous de la technologie XYZ ? Quels sont ses avantages et ses inconvénients par rapport à la technologie ABC ?

— Quelles sont, à votre avis, les entreprises qui vont devenir les vedettes de ce secteur ? Pourquoi ?

— Lorsque vous achetez ce type de produit, quels sont les facteurs qui influent sur votre décision ? Tenez-vous compte du coût ? De la facilité d'utilisation ? Des caractéristiques supplémentaires ?

— Quels sont, à votre avis, les principaux obstacles à la croissance de ce marché ?

— Qui sont, à votre avis, les locomotives de ce secteur ?

Nous avons récemment effectué une mission d'audit pour Rolm, et c'est un bon exemple. Rolm était sur le point de lancer un nouveau système de commutation téléphonique capable de gérer à la fois la voix et les données. Nous nous sommes entretenus avec quinze ou vingt responsables soit des systèmes intégrés de gestion, soit des télécommunications pour leur entreprise. Nous leur avons demandé notamment : Pour quand voyez-vous la fusion de la parole et des données ? Qui, à votre avis, devrait offrir ce type de solution ? Qui, chez vous, sera chargé de prendre les décisions d'achat — le directeur de la fonction informatique ou le directeur des télécommunications ? Le démantèlement d'AT&T va-t-il avoir un impact positif ou négatif sur cette tendance ?

Nous nous sommes aperçus que les points de vue étaient largement divergents. Certains pensaient que les systèmes intégrés parole-données n'aparaîtraient pas avant au moins vingt ans. Certains dirent que cette intégration avait déjà commencé et qu'ils en avaient besoin hier. La plus grande confusion régnait sur le marché, et le démantèlement d'AT&T ne faisait qu'aggraver la situation. En conséquence, nous avons décidé que Rolm devait simplifier le message concernant son nouveau produit. Cette société avait un bon produit, mais complexe, et les explications de ses qualités ne l'étaient pas moins. Cette complexité ne faisait qu'ajouter à toute la confusion déjà présente. Avec un message simplifié, Rolm avait une occasion unique de se positionner au-dessus du brouhaha du marché.

Parfois, des audits externes ne font que confirmer ce que pressent l'entreprise. Un audit mené pour le compte de Cohesive Network, par exemple, a révélé que les responsables des télécommunications cherchaient de plus en plus à utiliser des réseaux privés. Dans d'autres cas, l'audit révèle que les perceptions de l'entreprise sont à côté de la réalité. Convex, jeune entreprise œuvrant dans le secteur des super-calculateurs, pensait que ce qui distinguait essentiellement les super-calculateurs des plus petites machines était leur capacité de traiter 64 bits de données à la fois. En revanche, les clients considéraient que leur principale qualité était de pouvoir effectuer le traitement intégré de vecteurs. Convex a aussi découvert un nouveau marché à cibler. Cette société considérait que les chercheurs en séismologie seraient particulièrement intéressés par des super-calculateurs à bas coût, et s'aperçut que les spécialistes de la conception assistée par ordinateur étaient tout aussi intéressés.

Les audits externes sont particulièrement utiles lorsqu'ils révèlent des tendances et des structures logiques auxquelles l'entreprise n'avait même pas encore pensé. Quand il s'est agi de positionner un nouveau micro-processeur pour Intel, nous nous sommes entretenus avec les directeurs techniques de Hewlett-Packard, Xerox, TRW et de plusieurs autres grands constructeurs. Nous leur avons demandé ce qu'ils attendaient de la prochaine génération de micro-processeurs. Nous nous sommes aperçus qu'il y avait une sorte de césure au niveau de trente-cinq ans, alors que ce n'était même pas ce que nous cherchions précisément : les dirigeants de plus de trente-cinq ans manifestaient une certaine réticence à l'égard d'une nouvelle technologie. Ils recherchaient davantage l'assurance de qualité et la documentation. En revanche, les plus jeunes étaient ouverts à l'expérimentation. Nous nous sommes donc rendu compte qu'il fallait qu'Intel présente des messages différents selon les responsables auxquels la société s'adressait, en fonction de leur âge.

Les audits externes ne sont pas des opérations ponctuelles. Il faut que les entreprises surveillent en permanence l'environnement afin de détecter les moindres changements d'humeur et d'attitude. Tout le monde — pas seulement les directeurs de marketing — doit participer au processus. Il faut que les ingénieurs rencontrent régulièrement les clients, de même que la direction générale. Ce n'est qu'au travers d'une surveillance constante de l'environnement que les entreprises peuvent rester sur la bonne voie.

Au fur et à mesure qu'elles se développent, beaucoup de jeunes entreprises oublient ce principe fondamental. Généralement, les entrepreneurs partent du bon pied. Ils ont presque toujours un sens intuitif des marchés auxquels ils s'adressent. L'équipe dirigeante traite directement avec les clients. Elle a conscience de ce qui se passe en permanence sur le marché. C'est ce qui fit la réussite de tant de petites entreprises dans des secteurs en évolution rapide. Elles sont plus en prise avec le marché que leurs plus grandes concurrentes.

Quand elles se développent, elles ont tendance à perdre ce sens du marché. Elles se mettent à souffrir de ce que j'appelle « la mentalité de grand ». Les dirigeants oublient leurs racines. Au lieu de se fier à leur intuition, comme ils le faisaient à l'origine, ils commencent à gérer avec des chiffres. L'information qualitative devient statistique. Au fur et à mesure que les effectifs augmentent, ils s'interposent entre les dirigeants et le marché. La direction générale commence à se soucier davantage des inefficiences de la production de masse que des besoins du marché. Elle ne veut plus prendre de risques, et c'est tout le processus de pensée qui change.

Pour continuer à réussir, il faut que les entreprises qui se développent conservent leur habitude de « penser petit ». Il faut que les dirigeants gardent leur sens intuitif des tendances et des attitudes du marché. Il faut bien sûr qu'ils regardent les chiffres, mais ne se laissent pas dominer par les statistiques.

Choix d'une stratégie

Une fois qu'une entreprise comprend l'environnement du marché, elle doit déterminer une stratégie lui permettant de positionner ses produits dans cet environnement. C'est un processus mal défini qui n'obéit pas à des règles fixes. Il diffère selon les cas. Parfois, il se déroule naturellement ; d'autres fois, il est le résultat de réunions et de sessions de travail formelles. Dans le meilleur des cas, il est une combinaison des deux.

La clé de la réussite n'est certainement pas la constitution d'un document volumineux. Les plans de marketing restent généralement sur les étagères, à prendre la poussière. On ne les suit pas au jour le jour. Ce sont plutôt les idées qui sont importantes. Il faut que les personnages clés de l'entreprise se mettent d'accord sur une stratégie commune de positionnement, puis la mettent en application. Passer des semaines, voire des mois, à mettre des idées noir sur blanc est un pur gaspillage de temps.

Pour donner une idée du processus, je décrirai comment nous menons des sessions de positionnement avec nos clients. Ces sessions poursuivent deux buts principaux. Premièrement, identifier une position et, deuxièmement, décider des mesures à prendre pour y parvenir. A l'issue de ces sessions, beaucoup de choses peuvent changer. Il ne suffit pas de lancer un nouveau slogan. L'entreprise peut être amenée à changer son marché, sa cible, sa stratégie de distribution, voire ses produits eux-mêmes.

Nous organisons des sessions de positionnement après avoir achevé les audits interne et externe ; ainsi, nous avons déjà une bonne notion de la dynamique interne de l'entreprise et du comportement du marché. Nous abordons la réunion armés d'informations qualitatives directes émanant du marché. Il s'agit alors de se servir de cette information pour aider l'entreprise à cibler son produit et à acquérir une position unique sur le marché. Nous devons dire comment différencier le produit de ses concurrents, le distribuer et le promouvoir, et acquérir une certaine crédibilité sur le marché.

D'une manière générale, ces sessions de travail regroupent six à dix personnes de l'entreprise. Il vaut mieux qu'elles soient représentatives de groupes différents et d'expériences différentes. Il faut que certaines appartiennent au service des ventes. Elles sont en contact permanent avec les clients, et recueillent donc des informations directes en provenance du marché. Toutefois, leurs points de vue sont quelque peu limités : la vente se déroule entre quatre yeux, alors que le marketing doit prendre en compte un plus large contexte. Doivent aussi participer à la réunion des membres des services techniques de l'entreprise. Eux aussi ont une perspective un peu étroite, mais ils peuvent fixer des limites à la discussion, et empêcher les digressions.

Chacun peut faire état de son expérience individuelle. L'un peut dire : « Quand j'étais chez Digital, il s'est passé telle ou telle chose ». Un autre ajoute : « Quand j'étais chez Hewlett-Packard, on faisait comme cela ». Avec un nouveau produit, aucun modèle passé ne peut être parfait, mais une combinaison de ces expériences peut déboucher sur la bonne approche.

Dans le cadre de ces sessions, les échanges ne sont pas systématiques ; cela se passe plutôt comme une séance de « remue-méninges ». Le but est de stimuler au maximum la créativité. Chacun lance tour à tour des idées, puis les autres les reprennent, les modifient et les enrichissent. Lorsque j'anime une session, j'essaie d'écouter différentes expériences et divers points de vue, sans en laisser aucun dominer ma pensée. Je veille à ne pas tirer trop rapidement de conclusions. Je ne veux pas me laisser enfermer dans un raisonnement ni manquer de souplesse. Dès lors que l'on tire une conclusion, on se met à discuter de la conclusion au lieu de rechercher de nouvelles idées. Husserl, philosophe et phénoménologue, avait l'habitude de dire : « Mettez vos préjugés entre parenthèses ». J'essaie de suivre ce conseil, et de m'abstraire de mes préjugés de telle sorte que la réalité puisse pénétrer dans mon esprit.

Théoriquement, une session de travail se décompose en trois étapes : apport, analyse et synthèse. Chaque étape dure environ une heure. Au cours de la première heure, je reste assis et j'écoute. Je prends des notes et j'absorbe l'information. Je recherche des structures et des relations. Elles ne se dégagent pas toujours très vite. J'attends, j'attends. Il y a peut-être une autre manière de procéder. Il y a peut-être une meilleure manière de procéder. Je sollicite des idées spontanées. Je suis à l'affût de choses que d'autres savent intuitivement mais ne sont pas capables d'exprimer.

Je cherche à dégager tous les types de relations. Comment se situe le produit par rapport à des produits passés et futurs ? Quelle est la nature de la relation entre les vendeurs et les clients ? Quel est le rapport entre le système d'exploitation et les programmes d'application ? Quels contacts entretient le responsable des télécommunications avec le directeur de la fonction informatique ? Quelles sont les relations entre l'entreprise et ses fournisseurs ? Je suis toujours à la recherche des moyens permettant à l'entreprise de tirer parti de ces relations.

Au cours de la deuxième heure, j'écris au tableau quelques-unes de mes idées. Je dresse la liste des obstacles. Concurrents, paramètres liés à l'environnement. J'écris tout au tableau et j'essaie d'établir des relations entre les différents éléments. Je cite des exemples d'autres entreprises, et j'ajoute quelques idées sur la structure du secteur d'activité.

Parfois, je reprends la notion de « dénominateurs du positionnement ». Je dresse un tableau répertoriant les points forts et les points faibles dans trois catégories de positionnement : le produit, le marché et l'entreprise. Dans la catégorie produit, je compare le produit à ses concurrents à différents égards : puissance, vitesse, compatibilité. Dans la catégorie marché, je compare les circuits de distribution, la force de vente, les clients. Dans la catégorie entreprise, je compare les ressources financières, la réputation, l'image de la direction.

La troisième heure de la session de travail est consacrée à la synthèse. Là, il n'y a ni chiffres ni graphiques, mais seulement la manipulation d'idées. En travaillant ensemble, nous essayons d'intégrer toutes les idées énoncées par les vendeurs, le personnel technique et les autres. Nous établissons un lien entre les points forts choisis parmi les dénominateurs du positionnement, et nous essayons d'en faire un plan cohérent.

Nous discutons jusqu'à ce que nous nous mettions d'accord sur le bon plan de positionnement. Cela relève généralement de l'expérience « eurêka ! ». Tout à coup, tout s'articule. Tout le monde est d'accord : « Voilà ! C'est ça ! ». Enfin, de la masse d'informations embrouillées, une vision claire de l'avenir s'est dégagée. J'ai participé à ce processus des centaines de fois, et nous sommes parvenus à ce type de conclusion dans tous les cas, à l'exception de deux.

L'un de ces échecs concernait Imagic, société de production de programmes de jeux vidéo. Nous avons rencontré les dirigeants d'Imagic pendant six heures au total, mais nous n'avons pu déceler la moindre différence perceptible entre leur stratégie et celle du numéro un de ce secteur, Activision. Aucune. Ils avaient une idée fixe : « Nous allons faire des jeux et prendre une part du marché à Activision ». Leur but était de réaliser un gros chiffre d'affaires et de se faire vite coter en bourse. Il n'y avait véritablement pas de différence entre Activision et Imagic. Si l'un lançait un jeu « course de tortues », l'autre lançait un jeu « course de lièvres ». Les différences étaient très superficielles. Imagic n'avait aucun élément solide pour se différencier ou différencier ses produits.

Toutefois, dans la plupart des cas, l'association audit interne, audit externe et session de positionnement débouche sur une déclaration de positionnement extrêmement claire. Convex, constructeur de super-calculateurs cité ci-dessus, en donne un bon exemple. Cette société a une solide équipe technique, dirigée par Steve Wallach, l'un des ingénieurs vedettes du livre *The Soul of a New Machine*. Et pourtant, ils sont venus nous voir parce que les fondateurs de l'entreprise n'avaient pas une vision claire de leur position sur le marché.

A l'origine, Convex envisageait de positionner son ordinateur comme un super-mini-ordinateur. Cette catégorie de produits a été créée à la fin des années 1970, lorsque

Digital Equipment Corporation a lancé une gamme d'ordinateurs, les VAX, qui étaient plus puissants que les mini-ordinateurs classiques. Quelques années plus tard, les super-minis étaient devenus très populaires, surtout dans les milieux scientifiques. Convex devait mettre au point une machine qui exploiterait le même logiciel qu'un VAX mais serait encore plus puissant.

Un gros problème se posait : le secteur des super-mini-ordinateurs était déjà pratiquement saturé. En effet, une bonne cinquantaine d'entreprises proposaient des super-minis. La machine de Convex était probablement supérieure aux autres, mais il serait difficile à ce constructeur de différencier sa machine sur le marché.

En conséquence, nous avons procédé à un audit externe et recherché les moyens de différencier l'ordinateur Convex. Nous avons découvert une énorme demande de super-minis tels que le VAX, mais aussi un mécontentement croissant. Après avoir été pendant de nombreuses années le cheval de bataille de Digital pour les applications scientifiques, le VAX commençait à dater. Les problèmes scientifiques, tels que la conception de circuits intégrés à très forte densité d'intégration, étaient de plus en plus complexes, et les VAX ne répondaient plus très bien aux besoins. Beaucoup d'utilisateurs recherchaient la grande vitesse et les capacités particulières d'un « super-calculateur ». Or, les super-calculateurs existants, vendus par Cray et quelques autres constructeurs, présentaient de graves inconvénients. Ils coûtaient trop cher pour la plupart des applications, et ne pouvaient exploiter autant de types différents de programmes que le VAX.

Au cours de la session de positionnement, nous nous sommes vite aperçus qu'il y avait une énorme lacune à combler sur le marché. D'un côté il y avait le VAX : beaucoup de programmes, des prix compris entre cinq cent mille et deux millions de dollars, mais une puissance insuffisante pour beaucoup de nouvelles applications scientifiques. Le parc installé comptait plus de cinquante mille machines. D'autre part, il y avait les super-calculateurs de type Cray : énorme puissance, mais peu de progiciels et des prix se situant entre cinq millions et dix millions de dollars. A peine cent cinquante machines de ce type avaient été vendues.

Nous avons vu une opportunité pour ouvrir un segment de marché entièrement nouveau entre le VAX et les super-calculateurs. Il y avait un énorme créneau vide tant en prix qu'en performance, et l'ordinateur Convex pouvait très bien se situer au milieu. Il était vingt fois plus rapide qu'un VAX, et ne coûtait qu'un quart du prix d'un super-calculateur. Il pouvait exploiter tous les progiciels VAX, tout en offrant une puissance pratiquement égale à celle d'un super-calculateur. A l'avenir, la performance de la machine allait être progressivement accrue jusqu'à égaler celle des meilleurs super-calculateurs.

La question qui se posait alors était la suivante : devions-nous positionner la machine comme un super-VAX ou un mini-super-calculateur ? Nous nous sommes vite rendus à l'évidence qu'il valait mieux opter pour la deuxième solution. Au lieu d'entrer en concurrence directe avec une cinquantaine de fournisseurs de machines de type VAX, y compris le puissant Digital, il valait mieux que Convex se positionne dans le secteur des fournisseurs de super-calculateurs, segment qui ne comptait que trois ou quatre constructeurs.

La technologie n'avait pas du tout changé, mais le plan de marketing était alors totalement différent. L'entreprise avait commencé à se considérer d'une manière différente. Son activité était de type Cray et non de type Digital. Cela impliquait des types différents de fixation des prix et de marketing. Les dirigeants de Convex s'intéressent maintenant à toutes les questions relatives aux super-calculateurs. Par exemple, la presse a largement fait état des efforts fournis par les Japonais pour dépasser les Américains dans le domaine des super-calculateurs. Maintenant, Convex a accédé au-devant de la scène. C'est ainsi que son président a été invité à participer à une table ronde sur le défi japonais, ce qui a conféré à cette société un prestige inattendu. Tout à coup, Convex n'est plus seulement une société innovatrice, c'est un atout américain dans une compétition internationale importante. C'est étonnant ce que peut faire un peu de stratégie de positionnement.

Les entreprises débutantes ne sont pas les seules à avoir besoin de formuler une stratégie de positionnement. Sur les marchés dynamiques, les entreprises doivent constamment revoir leur plan de positionnement. De fait, un plan de positionnement semblant approprié un jour peut être tout à fait périmé le mois suivant, dès lors que de nouveaux produits arrivent sur le marché et que les attitudes de la clientèle changent.

Intel a été confronté à ce problème avec son micro-processeur 8086 qui a remporté un tel succès. Après son lancement en 1978, le 8086 est vite devenu une vedette de l'industrie. Il a acquis une part de marché prédominante dans le segment des micro-processeurs 16-bits, c'est-à-dire des micro-processeurs capables de traiter 16-bits de données à la fois.

Cependant, en 1981, le ciel commença à s'assombrir. Motorola avait lancé une puce concurrente à la fin de 1979, et celle-ci, la 68000, attirait sérieusement l'attention de l'industrie. Motorola avait suivi une stratégie classique de « second sur le marché ». Son produit avait surmonté certaines des faiblesses du 8086 d'Intel, et tentait de profiter du dynamisme du marché que le 8086 avait créé.

Le personnel de marketing d'Intel fut lent à prendre conscience de la nouvelle tendance. Ils étaient là, à Santa Clara, les yeux rivés sur les graphiques de croissance de l'industrie et les progrès réalisés en matière de conception, et ils ne voyaient pas de gros problèmes à l'horizon. Cependant, les représentants d'Intel sur le terrain perçurent les premiers changements. Le 8086 se vendait encore bien, mais les clients manifestaient un très net intérêt à l'égard de la puce Motorola. Les vendeurs avaient plus de mal à placer l'Intel 8086. Ils sentaient que l'intérêt se portait désormais vers le 68000 aux dépens du 8086.

De toute évidence, il fallait qu'Intel procède à un nouveau positionnement du 8086. Ce n'était pas seulement une bataille de puces, mais des gammes de produits entières qui étaient en jeu. Si un micro-processeur se vend bien, il s'impose comme une norme, et toutes les autres puces de la même famille sont entraînées dans son sillage. La bataille entre le 8086 et le 68000 était en fait une lutte à couteaux tirés entre Intel et Motorola pour qui serait le numéro un de l'industrie.

Pour mieux percevoir les attitudes des clients, je procédai à un rapide audit externe du marché. Le président d'Intel, Andy Grove, convoqua une commission spéciale pour étudier le problème. La commission était composée de six cadres supérieurs d'Intel et de moi-même. Nous avons travaillé ensemble trois jours d'affilée, du mercredi au vendredi soir, à Palo Alto.

Notre projet de repositionnement reçut le nom de code CRUSH. Notre mission était claire : trouver pourquoi l'Intel 8086 commençait à perdre du terrain au profit du Motorola 68000, puis appliquer une stratégie de riposte et regagner du terrain.

Nous avons commencé par scinder le marché en différents types de clientèles. Nous avons segmenté les clients non pas en fonction de leur taille ou de leur emplacement géographique, mais en fonction de leurs attitudes et de leur processus de pensée. Nous avons déterminé que certains clients étaient surtout focalisés sur l'aspect matériel, c'est-à-dire qu'ils se préoccupaient des facteurs de performance brute tels que la vitesse et la puissance. D'autres clients étaient orientés vers le logiciel, et avaient des priorités tout à fait différentes. Ils voulaient un micro-processeur présentant une architecture « claire et nette » de sorte qu'il soit facile de mettre au point des logiciels adéquats.

L'audit externe, auquel se sont ajoutés les commentaires des représentants d'Intel, a indiqué que l'Intel 8086 se maintenait auprès des sociétés plus soucieuses des aspects matériels. En revanche, le Motorola 68000 gagnait rapidement du terrain auprès des entreprises plus préoccupées par les questions de logiciel. Tous ceux qui développaient des programmes préféraient la puce Motorola. Ils trouvaient qu'elle offrait plus de facilité et de flexibilité pour le développement de nouvelles applications. Nous ne disposions pas de statistiques précises à l'appui de ces résultats, mais nos informations qualitatives ne laissaient planer aucun doute dans nos esprits.

Le problème était alors pour Intel de se repositionner auprès des utilisateurs considérant l'aspect logiciel comme prioritaire. Nous avons retenu plusieurs moyens de procéder. Il s'agissait, d'une part, de soigner davantage la largeur et la profondeur de la gamme de produits d'Intel. Tant que les clients continueraient à comparer une puce à l'autre, la 8086 à la 68000, Intel aurait des difficultés. Dans une course de ce type, Motorola devait gagner certains clients. Mais s'il était permis aux clients d'envisager des solutions globales et des orientations à venir, alors Intel avait l'avantage. Le 8086 pouvait, par exemple, être combiné au 8087, ce qui constituait la solution la meilleure pour des applications scientifiques. Son couplage avec une autre puce Intel répondait parfaitement aux besoins d'une application de communication.

En assurant la promotion de toute la gamme de produits, nous espérions aussi amener les clients à réfléchir à l'avenir. Nous voulions les amener à se préoccuper des conséquences de l'adoption d'un produit Motorola. Il s'agissait alors d'exploiter les craintes des clients. Bien sûr, Motorola disposait d'un produit de tout premier plan, mais la société pouvait-elle assurer d'autres puces et des perfectionnements futurs ? Le 68000 n'avait pratiquement aucun logiciel, pas de puce périphérique, pas de système de développement. Et Motorola n'avait pas exposé ses projets dans ce domaine. En adoptant l'architecture 68000, les clients pourraient-ils faire face à leurs besoins futurs ?

Intel, par contre, disposait déjà de toute une famille de micro-processeurs. C'était un fantastique atout pour l'avenir. Pour renforcer ce point, nous avons décidé de dévoiler à la clientèle les plans d'Intel concernant les micro-processeurs de la prochaine génération, tant en haut qu'en bas de gamme. Le message devait être clair : Intel avait un plan parfaitement au point pour l'avenir. Avec Motorola, l'avenir était obscur.

Nous avons également mis le doigt sur un autre point fort d'Intel. Les dirigeants de cette société — Bob Noyce, Gordon Moore et Andy Groove — étaient perçus, très précisément, comme des pionniers et des innovateurs en matière de technologie des semi-conducteurs. Leur crédibilité était immense. S'ils s'adressaient directement aux plus gros clients, leur message aurait beaucoup de poids. Nous avons donc décidé que les trois grands dirigeants de la société ainsi que d'autres grands responsables techniques feraient des présentations dans le cadre de petits séminaires. La tenue de ces séminaires prendrait bien sûr beaucoup de temps, mais ils feraient une impression beaucoup plus forte sur les clients que des articles et des placards publicitaires. Intel devait s'imposer comme maîtrisant en profondeur la technologie, et cela au travers des animateurs des séminaires.

Intel ne perdit pas une minute pour mettre en application le projet CRUSH. Notre groupe termina sa session de positionnement de trois jours le vendredi, et le mardi suivant le groupe présentait ses résultats et demandes de crédits à la direction d'Intel. Le mercredi, nous convoquions plus de cent cadres d'Intel du monde entier pour leur expliquer le projet. Chacun fut chargé d'une tâche spécifique : logiciel, technique, documentation, publicité.

Il fallut moins de sept jours à Intel pour mettre au point une nouvelle stratégie de positionnement et l'appliquer. Cette capacité de réagir rapidement est un atout important pour une entreprise. Un peu plus tard, alors que je racontais à un ancien dirigeant de Motorola qu'il n'avait fallu que sept jours pour mener à bien le programme CRUSH, celui-ci me répondit que Motorola n'aurait même pas réussi à organiser une réunion en sept jours.

Au cours des trois mois suivants, les dirigeants d'Intel firent des présentations à plus de trente gros clients. Puis, le trimestre suivant, Intel organisa près de cinquante séminaires d'une demi-journée à l'intention de clients en puissance. Progressivement, la tendance s'inversa aux dépens du 68000 et en faveur du 8086. Motorola avait un produit solide sur le plan technique, et ses ventes continuèrent à augmenter, mais Intel avait remporté la bataille du positionnement. Son 8086 restait le numéro un des micro-processeurs 16-bits.

Il n'y a rien d'extraordinaire dans la démarche d'Intel. Cette même approche peut donner de bons résultats dans d'autres entreprises et d'autres secteurs d'activité. Beaucoup d'entreprises perdent leur « capacité d'action », perdant ainsi la dynamique du marché et l'opportunité de la riposte. Celles dont les plans se fondent sur une information qualitative et qui réagissent promptement ont toujours un temps d'avance sur la concurrence dans la bataille du positionnement sur le marché.

Nous avons rencontré l'ennemi, c'est nous.

POGO

7 Pourquoi les plans de marketing échouent : les dix concurrents

La concurrence intangible

Si vous demandez à un directeur de marketing de vous citer ses principaux concurrents, il vous énumèrera les noms de quelques autres sociétés appartenant à son secteur d'activité. Dans l'industrie des ordinateurs personnels, les directeurs de marketing redoutent la concurrence d'IBM et d'Apple. Dans l'industrie des semi-conducteurs, ils craignent Intel et Motorola.

Or, dans une grande mesure, ces craintes ne sont pas fondées. Bien sûr, IBM, Apple, Intel et Motorola sont de sérieux concurrents, mais ils ne constituent pas la concurrence la plus dure. Ce ne sont pas eux les *vrais* concurrents.

La vraie concurrence provient de ce que j'apppelle « les concurrents intangibles ». Ceux-là concernent la manière de penser et la manière de voir le monde. Quand un directeur de marketing résiste au changement, il y a concurrence intangible. Quand un entrepreneur adopte le mode de pensée bureaucratique d'un membre d'une grande entreprise, il y a concurrence intangible.

Ces concurrents sont la principale cause d'échec des plans de marketing. Que les entreprises parviennent à battre ces concurrents, et la route du succès leur est ouverte, indépendamment de ce que font les autres entreprises appartenant au même secteur d'activité. J'ai ainsi identifié dix concurrents intangibles auxquels toutes les entreprises sont confrontées, quel que soit leur secteur d'activité. Ils font l'objet du présent chapitre :

1. Le changement
2. La résistance au changement
3. Ce que le public sait du produit
4. Ce que pense le client
5. La mentalité du produit banalisé
6. La mentalité du grand
7. La chaîne brisée
8. Le concept de produit
9. L'effet de surprise
10. Vous-même

Concurrent 1 : le changement

Notre société est en perpétuel état de changement : tout change.

Les entreprises changent. Un jour, les journaux parlent d'un constructeur d'ordinateurs dont le chiffre d'affaires dépasse les cent millions de dollars, et quelques semaines plus tard, ils reparlent de la même société, mais cette fois pour en annoncer le dépôt de bilan.

Les industries changent. Le démantèlement d'AT&T est en train de transformer en profondeur l'industrie des communications. Il y a quelques années, AT&T avait le monopole des communications longue distance. Aujourd'hui, elle compte des dizaines de concurrents. Le secteur du logiciel a subi une mutation encore plus grande. Il y a une dizaine d'années, l'industrie comptait quelques centaines d'entreprises ; aujourd'hui, celles-ci se comptent par milliers.

Les produits changent. Il semble à l'heure actuelle que tous les produits deviennent « intelligents ». Les fours à micro-ondes sont équipés de micro-processeurs. Les téléphones aussi. Même les jouets. Dotés de ces micro-processeurs, des produits courants revêtent de nouvelles caractéristiques et remplissent de nouvelles fonctions. Les ordinateurs eux-mêmes changent. Il existe aujourd'hui des ordinateurs de toutes formes et de toutes tailles : des ordinateurs personnels, des ordinateurs de poche, des ordinateurs portables.

Les canaux de distribution changent. Il y a dix ans, personne ne croyait qu'on pourrait un jour vendre des ordinateurs en boutique. Aujourd'hui, des boutiques de micro-informatique vendent des centaines de milliers d'ordinateurs tous les mois.

Les problèmes changent. Il y a quelques années, tous les journaux et magazines publiaient des articles sur la grande qualité des produits japonais. Maintenant, on n'en entend pratiquement plus parler. Les médias sont aussi en état de mouvement perpétuel, s'emparant d'un sujet un jour, puis l'oubliant dès qu'un nouveau problème occupe le devant de la scène.

Ces changements constituent une force concurrentielle majeure. Ils exercent une forte influence sur le développement et l'orientation de toutes les entreprises. Celles qui ne sont pas réceptives au changement sont vouées à l'échec. Le changement peut tuer même des sociétés de premier plan. Les entreprises ne peuvent se permettre de rester statiques.

L'histoire est pleine d'exemples d'entreprises qui n'ont pas décelé le changement sur le marché et l'ont payé très cher. Pendant des années, les constructeurs américains d'automobiles ont ignoré la montée de la demande de petites voitures. Les constructeurs japonais, en parfaite harmonie avec le marché qui évoluait, ont rapidement dérobé une part de marché à leurs rivaux américains.

C'est également ce qui s'est passé dans l'industrie des semi-conducteurs. Au début des années 1960, Fairchild, Philco et General Electric dominaient totalement ce secteur. Or, aucune de ces sociétés n'a su déceler l'importance croissante des circuits intégrés, et plus aucune d'elles ne joue un rôle majeur dans l'industrie aujourd'hui. Ce processus se répète constamment. Il y a cinq ans, les fabricants de semi-conducteurs se sentaient assez à l'abri. Ils étaient convaincus que l'intensite en capital* empêcherait de nouvelles entreprises d'accéder à ce secteur. Or, des dizaines de nouveaux concurrents sont arrivés depuis, essentiellement avec des technologies nouvelles.

L'industrie de l'informatique en est un autre exemple. Au début des années 1970, les grands constructeurs ont tous ignoré les ordinateurs personnels. En 1976, de jeunes entreprises ont commencé à lancer des ordinateurs personnels, mais il a fallu au moins cinq ans aux grands comme Digital pour réagir. Une véritable révolution a eu lieu, juste sous le nez des géants de l'industrie. Beaucoup de constructeurs de gros ordinateurs, comme Honeywell et Burroughs, ne s'en remettront jamais.

Le changement fait partie de la vie, une chose remplaçant inexorablement une autre. Nous détruisons l'ancien pour créer le nouveau. Dans tous les secteurs d'activité, le changement est un rude concurrent. Que peuvent faire les directeurs du marketing pour contrer cette concurrence ? Deux choses.

Premièrement, remettre constamment en question leurs hypothèses. Il faut qu'ils se posent des questions comme : « Quelles sont mes hypothèses de base relatives au marché ? ». « Quelles sont mes hypothèses de base relatives à la concurrence ? ». « Que doit-il se passer pour que mes hypothèses se vérifient ? ». « Dans quelles conditions mes hypothèses ne sont plus valables ? ».

Deuxièmement, rester en éveil. Il faut qu'ils perçoivent le changement dès qu'il se produit. Ils doivent donc surveiller le marché, vivre avec lui, travailler avec lui. Souvent, le changement ne transparaît dans les chiffres et les statistiques que lorsqu'il est trop tard. Les hommes de marketing doivent acquérir un sens intuitif du marché. Il faut qu'ils travaillent avec les clients et les écoutent. Il faut qu'ils rencontrent les revendeurs et les écoutent. Cette écoute ne doit pas se faire d'une oreille distraite, mais avec une grande attention. C'est la seule manière pour eux de déceler à temps les changements et de s'y adapter.

* Ndt : Ce que les gestionnaires appellent *intensité en capital* est par ailleurs dénommé *coefficient capital* par les économistes.

Concurrent 2 : la résistance au changement

Parfois, les entreprises décèlent le changement qui se produit sur le marché, sans pour autant réagir. Pour elles, le concurrent est la résistance au changement. Il peut être tout aussi dommageable de résister au changement que de ne pas en tenir compte. Dans un cas comme dans l'autre, l'entreprise risque de mordre la poussière technologique.

Les exemples de résistance au changement ne manquent pas. Prenons le cas de Gary Boone. En 1972, jeune ingénieur à Texas Instruments, Boone lança l'idée d'un ordinateur complet sur une puce, ce qu'on devait appeler plus tard un micro-processeur. Boone prit un brevet pour son invention, mais eut du mal à intéresser ses collaborateurs à ses travaux. Il rencontra de nombreuses personnes chez TI et essaya de vendre son idée, mais partout il fut rembarré. D'autres le prirent pour un petit jeune aux idées folles.

En fin de compte, Boone fit suffisamment de bruit pour obtenir un rendez-vous avec le « gourou » des ordinateurs chez TI. Face à l'expert, Boone expliqua son idée de mettre un ordinateur sur une puce. L'expert le regarda avec un sourire condescendant. « Jeune homme, lui dit-il, vous ne vous êtes pas aperçu que les ordinateurs sont de plus en plus gros et non pas de plus en plus petits ? »

Il existe des anecdotes comparables sur les ordinateurs personnels. Steve Jobs et Steve Wozniak essayèrent de vendre l'idée d'ordinateurs personnels à leur patron chez Atari et Hewlett-Packard. Mais ceux-ci ne furent pas intéressés. Ce fut ainsi que Jobs et Wozniak lancèrent Apple Computer. Intel eut aussi une possibilité de prendre pied très tôt sur le marché des ordinateurs personnels. Plusieurs spécialistes du marketing d'Intel rencontrèrent un des premiers concepteurs d'ordinateurs personnels, vers le milieu des années 1970. La conclusion qu'ils tirèrent de leur visite fut la suivante : « Une bande d'amateurs. Cela ne fera jamais un marché ».

Une telle résistance au changement peut tuer des entreprises. Il suffit de regarder ce qui est arrivé aux

Etats-Unis dans des secteurs tels que l'automobile, l'acier, l'électronique grand public, les calculatrices, les machines-outils et le textile. Vers le milieu des années 1960, les importations représentaient moins de 10 % des ventes sur le marché américain dans chacun de ces secteurs. Mais les entreprises américaines ont manifesté une résistance au changement, alors que leurs concurrentes étrangères allaient de l'avant. Résultat : en 1981, les Etats-Unis importaient 26 % de leurs véhicules, 17 % de leur acier, 60 % de leurs produits électroniques grand public (télévisions, chaînes hi-fi, magnétoscopes), 41 % de leurs calculatrices, 53 % de leurs machines-outils et 35 % de leurs textiles.

Pourquoi les entreprises résistent-elles au changement ? Dans certains cas, la bureaucratie en est responsable, dans d'autres cas ce sont les hommes qui sont effrayés et intimidés par la nouveauté. Ils ont tendance à rester obstinément attachés à leurs idées. Ils regardent davantage derrière eux que devant eux. Quand des salariés entrent dans une nouvelle entreprise ou abordent un nouveau projet, ils y viennent avec toute leur histoire. Cette expérience peut certes être utile, mais elle peut aussi poser des problèmes. On entend souvent des hommes de marketing dire : « C'est comme cela que nous faisions là où j'étais avant ». Cela peut être une référence, mais il vaudrait mieux les entendre dire : « Jetons-nous à l'eau, essayons ».

Le démon de la résistance au changement hante rarement les jeunes entreprises dirigées par des entrepreneurs. Ceux-ci recherchent précisément l'innovation et le changement. Ils sont toujours prêts à expérimenter de nouvelles idées et de nouvelles technologies. La résistance au changement est la malédiction des entrepreneurs.

Cependant, au fur et à mesure que ces sociétés dynamiques se développent, elles manifestent une résistance croissante au changement. Elles commencent à se préoccuper davantage du volume de production ; elles investissent dans des équipements spécialisés qui les contraignent à fabriquer certains produits d'une manière répétitive et prévisible. Elles se retrouvent ainsi enfermées dans certains produits et technologies. Elles commencent à poser des questions telles que « Comment puis-je faire tourner mes usines ? » et

« Comment puis-je maintenir ce chiffre d'affaires tous les mois ? »

En résumé, l'usine devient le pôle d'attraction de l'entreprise. L'entreprise commence à se soucier davantage de la fabrication et moins de répondre aux besoins du marché. L'entreprise prend alors la personnalité d'une grande société et devient moins à même d'innover. Elle est alors dépassée par des petites entreprises qui misent tout sur l'innovation.

Ce scénario est classique. Le secteur des mémoires à semi-conducteurs en donne un exemple. Intel créa les premières puces de mémoire à semi-conducteurs, la mémoire vive d'1K. Cette société s'est nettement positionnée en tête pour cette nouvelle gamme de produits. Mais lorsqu'Intel commença à travailler sur la génération suivante de puces de mémoire, la mémoire vive 4K, elle perdit son dynamisme innovateur. En effet, Intel reprit la même approche qui lui avait permis de réaliser sa puce à succès d'1K, alors que d'autres approches convenaient mieux à la génération suivante. Une petite entreprise, Mostek, mit au point une puce mémoire de 4K plus novatrice, et devint le numéro un du secteur.

A maints égards, la production de masse inhibe le changement et l'innovation. Elle implique en effet stabilité et prévisibilité. Quand une entreprise se lance dans la production de masse, elle devient résistante au changement. Elle cherche à réaliser des économies d'échelle, et toute innovation peut saper cet effort.

Le défi est difficile pour les sociétés de croissance. Elles doivent imaginer un moyen de produire en grande quantité sans pour autant perdre l'esprit innovateur qui a fait leur succès au début. Elles doivent continuer à faire de l'innovation et du changement leurs alliés et non leurs concurrents.

Concurrent 3 : ce que le public sait du produit

Un client mal informé est facilement satisfait. Mais il n'y a plus beaucoup de clients mal informés par les temps qui courent. Aujourd'hui plus que jamais les clients ont accès à une masse d'informations sur les produits, et ils l'étudient attentivement. Plus la technologie envahit tous les produits, plus les clients deviennent « calés ».

Cette connaissance de la technologie est, de toute évidence, un obstacle pour les fabricants. Les clients ne sont plus crédules ; ils veulent mieux comprendre. Ils sont sceptiques et font preuve d'esprit critique, et sont donc plus souvent mécontents. En conséquence, les fournisseurs doivent répondre à un niveau plus élevé d'attente.

Prenons la quantité d'informations qui, à l'heure actuelle, atteint le public dans le domaine de l'informatique. Il y a quelques années, il n'existait qu'une poignée de magazines d'informatique. Il y en a aujourd'hui des centaines.Il y a quelques années, *Time* et *Newsweek* ne parlaient pratiquement jamais d'ordinateurs. Aujourd'hui, ils ont des journalistes spécialisés en informatique. Il y a quelques années, le journal télévisé ne parlait pratiquement jamais d'ordinateurs. Mais pour le lancement du Macintosh, les trois grandes chaînes américaines en ont parlé, de même que plus d'une vingtaine de stations indépendantes.

La qualité de l'information a suivi la quantité. Les journalistes eux-mêmes sont mieux familiarisés avec la technologie. Il y a peu de temps encore, les constructeurs d'ordinateurs pouvaient se servir des journalistes pour diffuser pratiquement n'importe quel message. Les journalistes ne connaissaient pas assez bien la technologie pour faire un commentaire critique sur les constructeurs et leurs produits. Les temps ont changé. Beaucoup de journalistes se servent eux-mêmes d'ordinateurs personnels et en savent long à leur sujet. Quand un constructeur lance un nouvel ordinateur aujourd'hui, les journalistes veulent le juger par eux-mêmes. Ils ne se limitent pas aux prétentions du constructeur quant à ce que la machine peut et ne peut pas faire. En fin de compte, le journaliste joue le rôle de critique pour le compte du public.

Pour réussir, il faut que les entreprises fassent de cette connaissance croissante de leurs produits non plus un obstacle mais un atout. Au lieu de s'opposer à un public sceptique et critique, il faut qu'elles se mettent à son écoute.

Elles doivent donc faire en sorte d'obtenir un retour d'information de la part des clients, puis ajuster leurs produits et stratégies de façon à répondre aux besoins du marché.

Certains fabricants de produits de grande consommation savent déjà très bien tourner à leur avantage le mécontentement de la clientèle. Selon un article du *Wall Street Journal*, Procter & Gamble interroge de vive voix ou par téléphone 1,5 million de personnes chaque année sur ce qu'elles pensent des produits P&G. Les chercheurs posent des centaines de questions détaillées pour découvrir la raison pour laquelle les clients sont mécontents et ce que doit faire P&G pour améliorer ses produits.

Le même article citait une étude récente du Bureau américain de la consommation : « Beaucoup de cadres considèrent les doléances comme un fléau qui gaspille des ressources précieuses de l'entreprise. Cependant, les résultats de cette étude révèlent que les doléances peuvent au contraire être un atout en marketing. Les entreprises réceptives ont été récompensées par la plus grande fidélité à la marque ».

Les entreprises de haute technologie devraient en tirer la leçon. Plus les clients sont informés, et de ce fait critiques, au sujet des produits technologiques, plus les entreprises doivent être réceptives aux besoins des clients. Le philosophe John Stuart Mill a dit un jour : « Mieux vaut être Aristote mécontent qu'un imbécile pleinement heureux ». Les acheteurs de produits technologiques suivent le conseil de Mill, et il incombe aux entreprises de s'adapter.

Concurrent 4 : ce que pense le client

Dans les entreprises de haute technologie, les gens ont tendance à penser que la prise de décision est un processus simple et rationnel. Ils ont tort. De fait, quand un client envisage d'acheter un produit, le processus de prise de décision n'est ni simple ni rationnel. Toutes sortes de craintes, de doutes et de facteurs psychologiques divers entrent en jeu.

Influer sur ce que pense le client, tel est le grand défi du marketing. L'opinion du client peut être considérée comme un obstacle ou comme un avantage concurrentiel. Parfois, ce que pense le client peut faire obstacle au succès. Mais si les entreprises parviennent à comprendre ce qu'il y a dans la tête du client, elles pourront user à leur avantage des facteurs psychologiques.

Des éléments extrêmement divers influent sur ce que pense le client. La bataille de la vente est effectivement surtout psychologique. Comme je l'ai déjà expliqué, les décisions reposent pour l'essentiel sur des facteurs intangibles tels que l'image de marque, la solidité financière et le leadership. Dans *Le Choc du futur*, Alvin Toffler décrit cette bataille psychologique de la manière suivante :

> *Même lorsque deux produits sont par ailleurs identiques, il existe le plus souvent des différences psychologiques marquées entre eux. Les publicitaires s'efforcent d'imprimer à chaque produit une image distinctive. Ces images sont fonctionnelles. Cependant, le besoin est psychologique plus qu'utilitaire, au sens courant du terme. Ainsi, on s'aperçoit que le terme « qualité » se rapporte de plus en plus à l'ambiance, à l'association à un mode de vie — en fait, aux connotations psychologiques du produit.*

L'attitude du client à l'égard d'un produit ne procède pas d'un événement ou d'une publicité uniques. Bien au contraire, elle évolue progressivement. Elle change constamment tout au long du processus décisionnel, et continue d'évoluer après la prise de la décision. L'image du produit est simplement l'accumulation de toutes ces attitudes.

Il est possible d'exercer une influence sur ce que pense le client à chaque étape du processus de prise de décision. Tout d'abord, il prend conscience de l'existence du produit. Ensuite, il reconnaît qu'il a besoin du produit. A ce moment-là, il essaie d'en savoir plus sur le produit. Il en parle à d'autres personnes qui l'ont déjà utilisé, ou lit ce qu'en disent des experts. Peut-être l'essaiera-t-il. A ce stade, son attitude est déjà modifiée et réformée. Après l'achat, l'attitude du client continue d'évoluer au fur et à mesure qu'il utilise le produit. Il en attend une certaine performance et une certaine utilité. Si le produit ne répond pas à son attente, son attitude deviendra négative.

Tout au long de ce processus, des « croquemitaines psychologiques » interviennent et influent sur ce que pense le client : ce sont tous les doutes et les craintes qui entourent le produit, et qui font que le client hésite à acheter. Le client est en effet en droit de se poser les questions suivantes :

— Mon fournisseur va-t-il survivre longtemps ?
— Vais-je pouvoir obtenir un service après-vente ?
— Le constructeur sera-t-il capable de fournir des générations futures de produits ?
— Vais-je me mettre en retard sur le plan technologique si j'achète les produits de ce constructeur maintenant au lieu d'attendre le produit plus nouveau de son concurrent ?

Dans la bataille pour attirer le client, les entreprises peuvent lutter contre ces croquemitaines psychologiques. Elles doivent rassurer le client et le décrisper. S'il s'agit de produits techniques complexes, c'est particulièrement important. Le fournisseur doit convaincre sa clientèle qu'il est suffisamment solide, tant sur le plan financier que sur le plan technique, pour répondre à tous les besoins futurs de celle-ci.

Parallèlement, les entreprises peuvent tenter d'influer sur les attitudes des clients à l'égard des produits concurrents. Avec la stratégie CID exposé précédemment, IBM joue sur les deux tableaux. La compagnie rassure sur ses propres produits et entoure les produits de ses concurrents de croquemitaines psychologiques. Il est clair que cette stratégie a porté ses fruits.

Pour réussir sur le marché, il faut aussi que les entreprises s'efforcent de comprendre ce que pense le client. Il ne suffit pas de savoir quels produits concurrents existent sur le marché et qui les utilise. Il faut que les hommes de marketing comprennent les croquemitaines psychologiques et les facteurs rassurants qui pèsent sur ce que pense le client, puis tournent ces facteurs psychologiques à leur avantage.

Concurrent 5 : la mentalité du produit banalisé

Ce qui est bon pour la fabrication n'est pas toujours bon pour le marketing.

Pour une production efficiente et à bas coût, rien ne vaut les produits banalisés. En débitant sans arrêt le même produit, les fabricants peuvent mettre parfaitement au point le procédé de production. Plus le volume de production augmente, plus les fabricants vont au bout de ce qu'on appelle la courbe d'expérience, et plus leurs coûts baissent.

Mais une stratégie de marketing procédant d'une telle mentalité produit de série peut être mortelle. D'une manière générale, les clients préfèrent les produits personnalisés « sur mesure ». Ils veulent une satisfaction exacte de leurs besoins. Nous vivons dans une ère de diversité, et nous aimons avoir des choses un peu spéciales, bien à nous.

Les entreprises qui considèrent leurs produits comme des produits banalisés vont avoir de plus en plus de mal à contrer la concurrence, surtout sur des marchés en évolution rapide. En effet, les fournisseurs qui vendent des produits banalisés ne peuvent attirer la clientèle que par des prix particulièrement bas. En général, la concurrence dégénère en une guerre des prix dont personne ne sort victorieux.

Comment les entreprises peuvent-elles échapper à ce piège ? Il n'est pas toujours facile de concilier les besoins divergents de la fabrication et du marketing, mais c'est néanmoins possible. A cet effet, il faut considérer les produits comme étant autre chose que des entités physiques. Même si une entreprise fabrique des produits banalisés, elle peut les différencier par le service, l'assistance ou le ciblage. Elle peut très bien laisser sa mentalité produit banalisé à l'usine, et arborer une mentalité de diversité sur le marché.

Pour abandonner la mentalité produit banalisé, il faut que les entreprises considèrent leurs produits comme des moyens de résoudre des problèmes, puis les vendent dans cet esprit. Dans un de ses articles, Theodore Levitt décrit cette approche :

Pour l'acheteur en puissance, un produit est un ensemble complexe de satisfactions. L'élément générique n'est pas le produit lui-même... Le client confère à un produit une valeur qui est proportionnelle à la capacité qu'il lui prête de résoudre son problème ou de répondre à ses besoins.

Une voiture, par exemple, n'est pas seulement quatre roues et un moteur. C'est un moyen de satisfaire les besoins du client, qu'ils soient psychologiques ou autres. Les constructeurs peuvent différencier leurs automobiles en fonction des besoins auxquels elles répondent. L'une peut être positionnée comme un produit « de prestige », une autre comme un produit « performant », même si les produits eux-mêmes sont tout à fait comparables. Si les voitures étaient commercialisées exclusivement sur la base de leurs spécifications (nombre de cylindres, puissance du moteur, etc.), les clients les percevraient comme étant toutes semblables. Le marketing fondé sur les spécifications est un signe de mentalité produit banalisé qui ne trompe pas.

L'ordinateur personnel en est un autre exemple. Tout le monde considère l'ordinateur personnel sous un jour différent. Beaucoup de cadres y voient un outil d'amélioration de la productivité libérant en quelque sorte les utilisateurs de l'information. Pour certains responsables de la fonction informatique, l'ordinateur personnel est une source de gaspillage de l'information et des autres ressources dans les grandes entreprises. Même produit, mais perceptions très différentes.

La manière dont un ordinateur personnel est perçu évolue aussi avec le temps. Tout d'abord, l'Apple II était considéré comme un ordinateur pour amateurs. Puis il est devenu un ordinateur destiné aux petites entreprises. Enfin, comme un ordinateur polyvalent, c'est-à-dire capable d'exécuter de nombreuses applications spécialisées différentes. Et pourtant, l'Apple II est resté le même. Mais le marché a changé, de même que la stratégie de marketing d'Apple. Apple a construit l'Apple II comme un produit banalisé. Mais dans son effort de marketing, Apple a essayé de faire de l'Apple II un produit spécial pour chaque client. Cette société s'est bien gardée d'adopter une mentalité produit banalisé.

Concurrent 6 : la mentalité du grand

Edward Schumacher avait certainement raison lorsqu'il lança le slogan « Small is Beautiful ». Il suffit de regarder les statistiques suivantes :

— Aux Etats-Unis, plus de la moitié des innovations de ces vingt dernières années ont été le fait d'entreprises comptant moins de deux cents salariés.

— Une étude menée par le Professeur David Birch du Massachusetts Institute of Technology a révélé que les entreprises comptant moins de vingt salariés créaient 60 % de la totalité des nouveaux emplois, et que les entreprises comptant moins de cinq cents salariés créaient 86 % de la totalité des nouveaux emplois.

— Sur les neuf millions d'emplois créés entre 1966 et 1977, six millions l'ont été par des petites entreprises, trois millions par l'Etat et zéro par les mille plus grandes entreprises répertoriées par le magazine *Fortune*.

— Les petites entreprises sont plus efficaces en matière de recherche et de développement. Une étude menée par la National Science Foundation a révélé que les petites entreprises (moins de mille salariés) étaient à l'origine de quatre fois plus d'innovations par dollar investi en recherche et développement que les moyennes entreprises (entre mille et dix mille salariés) et vingt-quatre fois plus que les grandes entreprises (plus de dix mille salariés).

Dans l'ensemble, les études révèlent que les petites entreprises sont plus innovatrices et productives que les grandes entreprises. Malheureusement, au fur et à mesure que les petites entreprises grandissent, elles tombent pour la plupart dans les mêmes ornières que les grandes. Elles perdent de leur créativité et de leur dynamisme. Elles commencent à souffrir de ce que j'appelle la mentalité du grand.

Cette mentalité est caractérisée, notamment, par l'aversion pour le risque. Les petites entreprises ne peuvent se permettre de jouer la sécurité. En effet, sur ce terrain, elles ne pourraient pas être compétitives. Il faut qu'elles apportent de nouvelles idées, expérimentent de nouvelles approches, essaient de nouvelles choses. Il faut qu'elles innovent, sinon elles ne pourront survivre.

Au fur et à mesure que les entreprises se développent, elles hésitent davantage à prendre des risques. Si l'entreprise décide de se faire coter en bourse, comme c'est souvent le cas, elle est alors évaluée trimestriellement par les milieux financiers. Si les résultats financiers baissent un trimestre, le cours de l'action risque de s'effondrer et l'entreprise a alors des difficultés à trouver des capitaux frais. Les entreprises cotées en bourse doivent donc impérativement jouer la sécurité. Elles ne peuvent se permettre de prendre des risques à court terme, même si ceux-ci ont des chances de se solder par des bénéfices à long terme. Wall Street juge à court terme, et non à long terme.

La bureaucratie contribue aussi à limiter la prise de risque et l'innovation. Lorsque des petites entreprises grandissent, elles se restructurent de façon à ressembler aux grandes entreprises. Les décisions sont prises collectivement et non plus individuellement ; en fin de compte, elles ont tendance à relever davantage du compromis que d'un dynamisme audacieux. A ce stade, il s'agit davantage d'éviter les erreurs que de lancer des idées nouvelles.

Prenons l'exemple des décisions en matière de publicité : les publicités des petites entreprises ont tendance à être meilleures que celles des grandes entreprises. En effet, elles sont plus créatives, plus agressives, plus intéressantes, et retiennent mieux l'attention. Pourquoi ? Les grandes entreprises ont généralement un grand département publicitaire où les décisions sont prises collectivement. Personne n'ose innover.

Au fur et à mesure de son développement l'entreprise crée de nouvelles commissions et ajoute des niveaux dans sa bureaucratie ; elle est alors plus lente à déceler les opportunités du marché et à réagir aux changements. Son temps de réponse s'allonge considérablement. J'ai évoqué précédemment la réaction rapide d'Intel au défi lancé par Motorola avec son micro-processeur 68000. En sept jours, Intel mettait sur pied une nouvelle stratégie, présentait le plan à cent cinquante cadres supérieurs dans le monde entier et mettait le plan en application. Dans la plupart des grandes entreprises, il aurait probablement fallu déjà sept jours rien que pour organiser les premières réunions.

Comment les entreprises peuvent-elles échapper à la mentalité du grand ? Il y a un moyen qui consiste à maintenir des petits groupes de projets menés avec un esprit d'entreprise, au sein de la société. C'est l'approche qu'a adoptée IBM pour son ordinateur personnel. La compagnie a créé un groupe indépendant en Floride, et lui a laissé une marge de manœuvre exceptionnelle. En agissant ainsi, IBM a agi d'une manière contraire à ses habitudes. IBM n'en restait pas moins une grande entreprise, et pourtant elle se mettait à agir comme une petite. Elle allait ainsi à l'encontre de toutes ses règles et prenait des risques. Sans aucun doute, ils furent payants.

Autre conseil : éviter la subdivision de l'organisation en compartiments étanches. Beaucoup d'entreprises en développement décomposent divers groupes fonctionnels en divisions, rendant ainsi difficile toute interaction entre ces groupes. Dans les petites entreprises le personnel technique, le personnel du marketing et celui des ventes se rencontrent régulièrement et échangent leurs idées. Cette interaction est vitale pour la créativité et l'innovation, mais elle est généralement absente dans les grandes entreprises.

Dans son ouvrage intitulé *The Next American Frontier*, Robert Reich, professeur à Harvard, prétend qu'il faut que les grandes entreprises mettent en place de nouvelles formes d'organisation de nature à favoriser davantage l'interaction entre les différents groupes. Il écrit à cet égard :

> *Les produits de précision, les produits personnalisés et les produits de haute technologie présentent beaucoup de caractères communs. Tous dépendent des compétences particulières du personnel, compétences souvent nourries au sein d'équipes. Tous ces produits exigent une fusion des fonctions de management traditionnellement séparées (conception, études techniques, commercialisation et ventes) en*

un système étroitement intégré susceptible de répondre rapidement à une nouvelle opportunité. En résumé, ils supposent des systèmes de production flexibles.

Ce n'est qu'avec ce type de flexibilité que les entreprises peuvent échapper à la mentalité du grand et maintenir leur créativité et leur productivité malgré la croissance.

Concurrent 7 : la chaîne brisée

Le monde des affaires est sillonné de chaînes et de connexions. Les procédés et les produits sont liés entre eux et forment une grande chaîne qui finalement relie les entreprises et les clients. Aucun problème ni aucune décision de gestion n'est isolé ou fermé. Les entreprises connaissent des difficultés dès qu'elles isolent un maillon, et se concentrent uniquement sur la publicité, les relations publiques ou la fabrication, sans tenir compte des interrelations qui existent entre elles. Les entreprises finissent ainsi par rompre la chaîne et se retrouvent avec un produit raté.

Pour être plus précis, prenons la chaîne la plus importante : la chaîne produit-client. Cette chaîne relie tout ce qui concerne le développement du produit et le processus de marketing. Elle commence par la conception et la planification du produit. D'autres maillons représentent le développement du produit, la fabrication, le marketing, les ventes, la distribution, l'assistance au produit et le service. Le maillon final est le client.

Tous ces maillons font partie d'un processus commun visant un but commun : servir le client. Les mesures prises à un stade du processus peuvent avoir une incidence sur beaucoup d'autres stades. Ainsi, la fabrication affecte le marketing, et le marketing affecte les ventes. Si un maillon de la chaîne est rompu, le but final — servir le client — ne peut être atteint.

La solidité d'une chaîne est ramenée à celle de son maillon le plus faible, c'est pourquoi les entreprises doivent faire très attention à tous les maillons. Elles doivent aussi assurer des liens solides entre les maillons. Il faut que les différents départements aient des contacts et travaillent en étroite collaboration. Si une entreprise fragmente son organisation en une série de fiefs relativement indépendants les uns des autres, elle perdra du terrain au profit d'un concurrent mieux coordonné. Les problèmes qui se sont posés au Centre de recherche Xerox de Palo Alto, que nous avons déjà évoqués, en donnent un exemple. Les chercheurs de Palo Alto étaient parmi les meilleurs, mais ils n'avaient que de rares contacts avec d'autres groupes au sein de Xerox. La chaîne produit-client était ainsi rompue, et les produits parvenaient trop tard sur le marché, quand ils y arrivaient.

Ce qu'on appelle les schémas de consommation constituent une autre chaîne de marketing importante. En fait, ces schémas sont des chaînes produit-produit : elles relient les ventes de différents produits. Quand une ménagère achète une laitue dans un supermarché, par exemple, elle achète aussi en moyenne pour dix à quinze francs de produits complémentaires — assaisonnement et fines herbes. En comprenant le fonctionnement de cette chaîne, le supermarché peut faire une promotion sur les laitues pour stimuler les ventes des articles complémentaires.

On retrouve le même type de chaîne dans le domaine de l'informatique. Les clients qui achètent des ordinateurs personnels achètent aussi toute une série de produits complémentaires, notamment des progiciels, des imprimantes et des modems. Ces produits ne sont pas des produits isolés ; chacun contribue à stimuler les ventes des autres.

Des chaînes de consommation rompues entraînent inévitablement des difficultés. Si un maillon de la chaîne — par exemple, les progiciels — manque, les ventes de tous les autres produits vont chuter. La réussite d'Intel dans le domaine des micro-processeurs est due essentiellement à sa compréhension des schémas de consommation. Intel vend non seulement les micro-processeurs eux-mêmes, mais aussi les puces périphériques et les systèmes de développement nécessaires pour exploiter les micro-processeurs. Intel ajoute constamment à sa gamme de nouveaux types de micro-processeurs et de puces périphériques, et chaque nouveau produit stimule les ventes des autres.

La stratégie de distribution joue aussi un rôle important

dans les chaînes produit-produit. Dans certains cas, tous les produits de la chaîne de consommation existent, mais ils se vendent par des circuits de distribution différents. Ce peut être tout aussi nuisible qu'un chaînon manquant. Les éléments existent tous, mais ils ne sont pas liés entre eux pour donner une chaîne solide. Le client a du mal à acheter tout ce dont il a besoin, et risque bien en fin de compte de ne rien acheter du tout. C'est pour cette raison que les revendeurs proposent généralement des gammes complètes de produits et non pas seulement des produits vedettes.

Autre chaîne importante : celle qui unit différents marchés. Les ventes d'un produit sur un marché influent sur les ventes du même produit sur d'autres marchés. Dans le domaine des ordinateurs personnels, par exemple, le marché domestique et le marché professionnel sont étroitement liés. En effet, ceux qui utilisent des ordinateurs personnels à leur bureau sont plus enclins à en acheter pour leur foyer. Le corollaire est également vrai : ceux qui ont des ordinateurs chez eux demandent à disposer d'ordinateurs aussi au bureau. Dans de nombreux cas, les parents sont poussés par leurs enfants. Ils achètent des ordinateurs domestiques pour leurs enfants puis, à leur tour, s'intéressent aux machines. Peu après, ils veulent disposer d'ordinateurs dans leur travail.

Le marché de l'enseignement est un autre maillon de cette chaîne. Les enfants qui se servent d'ordinateurs à l'école poussent souvent leurs parents à acheter des ordinateurs domestiques, généralement de la même marque que celle à laquelle ils sont habitués à l'école. Le marché universitaire est aussi important. Les étudiants d'aujourd'hui seront les décideurs de demain dans le monde professionnel. Dans quelques années, ils pourront être amenés à décider de l'achat d'ordinateurs pour leur activité professionnelle, et il est fort probable qu'ils choisiront la même marque que celle qui équipait leur université.

Les constructeurs d'ordinateurs se bousculent aujourd'hui pour tirer parti de cette chaîne, et consentent des remises importantes aux établissements d'enseignement de tous niveaux. IBM, par exemple, a fait don de milliers d'ordinateurs à des écoles primaires, des collèges et lycées et à des établissements d'enseignement supérieur. Apple a fait don de plus de dix mille Apple II à des écoles de Californie, et propose son Macintosh à certaines universités à moins de 50 % du prix catalogue. Tant que la chaîne foyer-bureau-école n'est pas rompue, ces largesses pourront se traduire plus tard par de nombreuses ventes.

Concurrent 8 : Le concept de produit

Qu'est-ce qu'IBM, AT&T, CBS, Dow Jones et Apple ont en commun ? Il y a cinq ans, la réponse aurait été « pas grand chose ». IBM vendait des gros ordinateurs et des équipements de bureau ; AT&T était spécialisé dans le téléphone ; CBS était un réseau de télévision ; Dow Jones était une maison d'édition et Apple vendait des ordinateurs personnels.

Aujourd'hui, en revanche, ces cinq entreprises se font concurrence, au moins indirectement. En effet, toutes participent au secteur de l'information. Toutes proposent des équipements et des services permettant aux clients d'accéder à l'information plus vite et plus efficacement. A l'avenir, elles se feront directement concurrence de plus en plus souvent.

Dans ce type d'environnement, les entreprises ne peuvent se permettre de considérer leurs produits d'une façon trop étroite. Il faut qu'elles recherchent des opportunités, et s'attendent à rencontrer de la concurrence, dans toutes les directions. Une entreprise qui aurait un concept de produit trop étroit aborderait le marché avec des œillères, et rencontrerait à coup sûr des difficultés. Le concept de produit lui-même risque de devenir un concurrent.

J'ai déjà parlé de l'exemple des chemins de fer, devenu un classique dans les écoles de gestion. Si les chemins de fer s'étaient considérés comme des « sociétés de transport » et non comme des compagnies de chemins de fer, elles auraient participé au développement des transports aériens. Or, les chemins de fer s'en sont tenus à leur concept de produit étroit et ont assisté, impuissants, à l'arrivée des compagnies aériennes qui leur ont volé une grande partie de leur activité.

La situation est la même, à l'heure actuelle, dans beaucoup d'industries en évolution rapide. Dow Jones, par exemple, ne peut plus se permettre de se considérer comme un éditeur de journaux et de magazines. Il doit se considérer comme une société d'information. Il doit fournir des informations sous quelque forme que ce soit, en fonction des désirs des clients : presse écrite, radio, télématique.

De même, un constructeur d'ordinateurs personnels ne doit pas considérer son produit simplement comme une boîte équipée d'un clavier et d'un écran. S'il s'en tient à cela, il aura aussi une vue étroite de ses concurrents. Il considérera les autres constructeurs d'ordinateurs personnels comme ses seuls concurrents réels, et fondera ses stratégies sur un sens erroné du marché.

En fait, beaucoup de produits différents peuvent entrer en concurrence avec les ordinateurs personnels. Des dispositifs n'exécutant qu'une seule application, comme les systèmes portables de recherche de personnes et les systèmes de cotation d'actions, sont des concurrents potentiels. De même que les terminaux d'ordinateurs et les téléphones électroniques. Beaucoup d'entreprises mettent en place des réseaux d'information permettant aux utilisateurs d'accéder à l'information par l'intermédiaire de terminaux simples bon marché. Si l'emploi de ces réseaux se généralise, les utilisateurs achèteront simplement un terminal et non un ordinateur personnel.

Les téléviseurs de salon sont aussi des concurrents en puissance. Avec la télévision par câble interactive, les abonnés se serviront de leur téléviseur pour accéder à toutes sortes de services d'information. Ils pourront réserver un billet d'avion et des places de théâtre, vérifier leurs comptes bancaires, régler leurs factures d'électricité ou de téléphone, et vérifier les cours des actions qu'ils détiennent en portefeuille. Les téléviseurs deviendront des concurrents des ordinateurs personnels encore plus redoutables lorsque les constructeurs intégreront des ordinateurs dans les récepteurs de télévision.

Au moment d'élaborer leur stratégie de marketing et de positionnement, il faut que les constructeurs d'ordinateurs personnels prennent en considération tous ces nouveaux concurrents, et tentent d'anticiper d'autres défis. Si, au contraire, ils limitent étroitement leur concept de produit et gardent des œillères, ils sont sûrs d'être mis à l'écart du marché.

Concurrent 9 : l'effet de surprise

Même si une entreprise cerne parfaitement son marché, elle risque encore d'être prise parfois par surprise. L'apparition de technologies nouvelles, d'entreprises nouvelles ou d'applications nouvelles peut ébranler un secteur d'activité en un rien de temps. C'est « l'effet de surprise ». Ce sont des imprévus que les entreprises ne voient pas venir, mais comme l'iceberg qui coula le *Titanic*, ils peuvent faire bien des dégâts.

Il se trouve que ces événements imprévus sont plus fréquents aujourd'hui qu'autrefois ; cela est essentiellement dû à l'accélération du progrès technologique. Selon une estimation, 99 % des innovations technologiques de l'histoire de l'humanité sont apparues ces vingt dernières années. Chaque année, les innovations sont plus nombreuses que l'année précédente, et chaque innovation peut ébranler une entreprise, voire tout un secteur d'activité.

La somme de connaissances scientifiques qui sous-tend la technologie s'accroît rapidement. Selon plusieurs estimations, plus de 90 % de tous les savants qui ont vécu sur terre sont vivants aujourd'hui. Plus important encore, les connaissances scientifiques sont exploitées plus rapidement qu'auparavant. Les ingénieurs mettent de moins en moins de temps à convertir le progrès scientifique en nouveau produit technologique. Un chercheur étudiant vingt innovations majeures a trouvé que le délai s'écoulant entre la découverte scientifique et le produit technologique avait chuté de 60 % depuis 1900.

Aucune entreprise appartenant à un secteur de haute technologie n'est à l'abri de l'effet de surprise. La sidérurgie, le pétrole, même le textile ont été secoués par le progrès technologique. Il y a une dizaine d'années, les grands laboratoires pharmaceutiques considéraient que leur secteur était assez mûr et stable. C'est alors qu'apparut la technologie de l'ADN recombinant, et aujourd'hui des dizaines de nouvelles entreprises viennent menacer les produits des anciens leaders de ce secteur.

L'industrie des semi-conducteurs a prévu depuis une quinzaine d'années un élagage considérable. A la fin des années 1960, beaucoup d'experts prévoyaient que l'industrie des semi-conducteurs ressemblerait vite à l'industrie automobile, avec seulement trois ou quatre grands constructeurs. Ils prétendaient que cette activité nécessitait trop de capital pour attirer de nouvelles entreprises. A cette époque-là, il existait quelque quatre-vingt-quinze fabricants de semi-conducteurs. Aujourd'hui, il y en a plus de deux cents.

Steve Jobs d'Apple a fait une prévision du même ordre. Il a affirmé que l'industrie des ordinateurs personnels impliquait une trop forte intensité en capital pour permettre l'arrivée de nouveaux concurrents, et a prévu une véritable épuration de ce secteur. Il ne fait aucun doute que l'épuration aura lieu, mais on ne voit pas comment cette industrie se ramènerait à une poignée d'entreprises, en tout cas dans un avenir proche. Il y a encore beaucoup de place pour l'innovation technologique, et cela signifie qu'il y a encore beaucoup de place pour de nouveaux concurrents.

L'effet de surprise reste inévitable, mais les entreprises peuvent s'y préparer. Elles peuvent rester modestes, s'attendre à l'inattendu, et réagir rapidement lorsque l'imprévu se produit. Il faut comprendre qu'aucune entreprise n'est trop grande et qu'aucune industrie n'a une intensité en capital trop élevé pour être à l'abri des dégâts causés par l'innovation technologique.

Concurrent 10 : vous-même

C'est le plus rude concurrent de tous. Ce ne sont pas les machines qui font concurrence, ce sont les hommes. Il faut donc que les hommes décèlent les opportunités du marché et les exploitent.

Il y a bien des manières de se faire concurrence à soi-même. Quand on sous-estime ses propres idées, tout simplement parce qu'elles n'ont jamais été essayées auparavant, on se fait concurrence à soi-même. Quand, d'autre part, on arbore un air d'omnipotence, convaincu qu'on ne peut échouer, on se fait encore concurrence. Quand on refuse d'écouter autrui, quand on refuse le changement, quand on refuse l'expérimentation, on se fait concurrence à soi-même.

Il faut être ouvert pour penser de façon créative. Compte tenu de l'évolution rapide des marchés, il faut que les dirigeants soient à même d'analyser les situations nouvelles et d'appliquer les approches créatives. Des approches périmées appliquées à des problèmes nouveaux ne donnent pas de résultats satisfaisants.

Surtout, il faut que les dirigeants suivent de très près le marché. Ils doivent se mettre à l'écoute du marché et y répondre. Il ne faut pas qu'ils sous-estiment leurs concurrents, ni les surestiment. Ils doivent continuer à faire des expérimentations.

Si les dirigeants adoptent ce schéma de pensée, cette forme d'esprit, ils pourront éviter le plus grave problème de tous : se faire concurrence à eux-mêmes.

Fantastique !

STEVE JOBS

8 La mise en application des idées : le marketing de Macintosh

Macmarketing

Les assemblées générales des cinq cents plus grandes entreprises répertoriées par le magazine *Fortune* sont généralement à mourir d'ennui. Le secrétaire général annonce les résultats prévisibles des votes par procuration. D'autres cadres supérieurs lisent de longues listes de résultats financiers et de réalisations de la société. Si celle-ci a fait de bons résultats l'année précédente, les actionnaires applaudissent poliment. Dans le cas contraire, ils posent quelques questions et s'inquiètent du montant de leur chèque de dividende.

Mais lorsque les actionnaires d'Apple Computer se réunirent le 24 janvier 1984, ce ne fut pas vraiment une assemblée générale ordinaire. Plus de 2 500 personnes se bousculaient dans le Flint Center de Cupertino en Californie. L'atmosphère tenait en partie du carnaval et en partie du rassemblement religieux. Comme un prêtre en chaire, le président d'Apple, Steve Jobs, prêchait la bonne parole à la foule rassemblée. Il annonça que le 24 janvier marquait le début d'une nouvelle révolution dans la micro-informatique. La foule applaudit en crescendo quand Jobs se plaça devant une table sur laquelle était posé un carton de la taille d'une valise. Jobs ouvrit le carton, et présenta au monde pour la première fois l'ordinateur Macintosh. La foule hurla de joie.

Apple appuya le lancement de Macintosh d'une énorme campagne dans les médias. La société fit passer vingt-quatre publicités au cours des jeux olympiques d'hiver, et investit dans un encart publicitaire de vingt pages publié dans huit magazines. Pour susciter l'intérêt des médias, Apple distribua à trois mille journalistes et analystes financiers du matériel publicitaire, notamment des T-shirts Macintosh. Macintosh semblait présent partout. Cet ordinateur fit la couverture de treize magazines. On vit à la télévision des reportages sur Apple et son nouveau produit révolutionnaire. *Time* et *Newsweek* ne furent pas les derniers à faire l'éloge du nouvel ordinateur. Les revendeurs furent inondés de demandes de renseignements et de commandes. En moins de cent jours, Apple avait vendu plus de soixante-quinze mille Macintosh.

Vu de l'extérieur, le marketing de Macintosh ressemblait à une énorme opération promotionnelle. Mais le succès ne vient pas aussi facilement. Derrière ce lancement spectaculaire, il y avait de dures années de planification et de développement.

L'histoire de la réussite de Macintosh fournit un exemple instructif de la manière de commercialiser des nouveaux produits à une époque caractérisée par un changement rapide. C'est en fait l'histoire d'une petite équipe qui a réussi à positionner un nouveau produit tout en ignorant la plupart des règles classiques du marketing. Les membres de l'équipe Macintosh se sont fiés presque exclusivement à leur intuition collective du marché, sans pratiquement recourir à des analyses statistiques. Ils ont réussi en affinant constamment et en réajustant le positionnement de leur produit de sorte qu'il cadre toujours bien dans l'environnement du marché en évolution constante.

Dans ce chapitre, je présenterai l'effort de marketing de Macintosh, tel que je l'ai observé dans le cadre de ma mission de consultant. Ce chapitre est, à maints égards, une bonne conclusion à cet ouvrage : il montre comment Apple a combiné un grand nombre des stratégies de marketing dynamique décrites dans cet ouvrage, pour remporter le formidable succès que l'on sait.

Macdébuts

L'histoire de Macintosh commence presque cinq ans avant le lancement du produit. L'ingénieur qui avait rédigé la documentation technique et les manuels pour Apple, Jeff Raskin, présenta l'idée de Macintosh en 1979. Tandis que beaucoup d'ingénieurs essayaient de modifier ou de perfectionner l'Apple II qui avait remporté un énorme succès, Raskin, lui, était convaincu qu'Apple devait envisager l'ordinateur sous un jour radicalement nouveau.

L'Apple II était lui-même un produit véritablement révolutionnaire dans le monde de l'informatique. Lancé en 1976, l'Apple II était le premier d'une catégorie entièrement nouvelle de produits appelés ordinateurs personnels. Au début de 1980, Apple détenait 80 % du marché des ordinateurs personnels. Cette société avait à tout jamais changé l'idée que le public se faisait des ordinateurs. Ces derniers étaient devenus suffisamment légers pour être transportés et suffisamment bon marché pour être vendus dans des magasins de détail. Bientôt, des milliers de spécialistes de la programmation se lancèrent dans la mise au point de programmes pour l'Apple II, créant une foule de nouvelles applications pour ordinateurs personnels à destination tant domestique que professionnelle.

Mais Raskin était sûr, intuitivement, que les technologies mises en œuvre dans l'Apple II ne permettraient jamais de sensibiliser le grand public à l'informatique. En effet, l'Apple II s'adressait à des amateurs éclairés et à des personnes prêtes à passer de longues heures à se familiariser avec les commandes de l'ordinateur. Raskin voulait en fait construire un ordinateur dont tout le monde pourrait se servir. Dans un premier temps, il l'appela « l'ordinateur de monsieur tout le monde ». Raskin savait que l'Apple II et ses descendants directs ne rempliraient jamais ce rôle. Raskin ne procéda à aucune étude de marché ni enquête auprès des clients ; il se fia à son intuition. Il était convaincu que l'ordinateur de monsieur tout le monde devrait être beaucoup plus facile à utiliser que l'Apple II ou toute autre machine alors en chantier sur les planches à dessin.

Pour rendre son ordinateur d'un emploi plus facile,

Raskin fit appel à une nouvelle « interface utilisateur », c'est-à-dire un nouveau mode d'interaction entre l'utilisateur et la machine. Le dialogue avec la machine devait se faire davantage d'après des images que d'après des mots. A l'aide d'un dispositif tenant dans la main, appelé une souris, les utilisateurs devaient pouvoir désigner des images apparaissant à l'écran. Cette démarche devait se solder par une interaction beaucoup plus naturelle. Au lieu de taper au clavier des commandes ésotériques, comme avec d'autres ordinateurs, il suffisait aux utilisateurs de Macintosh de désigner des pictogrammes. L'écran, par exemple, pourrait représenter une table de travail, et les utilisateurs n'auraient qu'à désigner des éléments sur l'écran, tout comme ils prendraient des papiers sur leur bureau.

La conception initiale de Macintosh était très différente du produit définitif. Raskin et ses collaborateurs imaginèrent une machine pesant moins de cinq kilos. Elle allait peser en fin de compte huit kilos et demi. Ils espéraient que la machine pourrait se vendre moins de mille dollars, mais son premier prix sur le marché fut de deux fois et demie supérieur. Initialement, la machine devait être alimentée par piles ; or, le produit définitif ne fonctionne que sur secteur. Il y a toutefois un aspect du projet Macintosh qui ne changea jamais : la volonté de faire de Macintosh une machine d'emploi facile, sans grand apprentissage.

Le rêve de Raskin serait probablement resté un rêve si Steve Jobs n'avait été là. En effet, lorsque Jobs prit connaissance du projet de Raskin, il en tomba amoureux. Tout comme Raskin, Jobs était convaincu qu'Apple devait aborder l'informatique sous un tout autre angle. Jobs avait essayé de participer au projet Lisa d'Apple, mais il n'avait pas été bien accueilli. Il avait fondé et dirigeait Apple, mais à bien des égards Jobs restait en dehors des activités de sa société. Macintosh capta son imagination, et c'est ainsi qu'il prit la tête du projet.

Sous la direction de Jobs, le projet Mac se transforma en une entreprise au sein d'une entreprise. De fait, Jobs dirigeait une jeune entreprise, comme il l'avait fait aux débuts de l'Apple II. Le groupe Mac resta assez restreint ; au début de 1982, il ne comptait encore que vingt-cinq membres.

Dans le reste de la société, le projet Mac n'avait qu'une faible crédibilité. Rares étaient ceux qui étaient prêts à parier sur sa réussite. Mais à l'intérieur du projet Mac, tout le monde était sûr de la réussite. Les membres de l'équipe partageaient une même vision de ce que pouvaient et devaient être les ordinateurs personnels. Entre eux, un sens extraordinaire de la communauté d'intérêt et de la camaraderie se développa. Souvent, ils passaient des nuits entières, assis par terre, à discuter. Leur intuition était forte : ils savaient qu'ils tenaient un produit « gagnant ».

Maccible

Les deux premières années du projet Macintosh, il n'y avait pas de personnel de marketing. Le moteur du projet était exclusivement la technologie. L'équipe Macintosh était aussi restreinte que son budget, et voulait consacrer tout son temps et ses moyens au développement du produit et non à son marketing.

Cependant, en 1982, le groupe Macintosh commença à s'adjoindre quelques spécialistes du marketing et à penser à la stratégie. Quatre ou cinq personnes (y compris moi-même) se rencontrèrent tous les quinze jours pour parler du positionnement de Mac. Ces réunions étaient essentiellement des séances de « remue-méninges ». Nous avons passé beaucoup de temps à essayer d'imaginer comment « créer » le marché et comment cibler le produit, qui allait utiliser le Macintosh, et comment nous pourrions communiquer de nouvelles idées à ces utilisateurs potentiels.

Nous décidâmes que le public cible de Mac ne pouvait être un segment de marché traditionnel. Pour certains produits, on peut découper une tranche nette du marché — par exemple, toutes les petites sociétés de service dont le chiffre d'affaires annuel se situe entre 500 000 dollars et un million de dollars. Ce type de segmentation ne marchait pas avec Mac. En effet, Mac chevauchait plusieurs segments classiques. Il nous fallait aborder le marché avec des idées neuves. La plupart des responsables de marketing découpent un marché selon des critères démographiques ou géographiques. Nous voulions le découper selon des critères « psychographiques », c'est-à-dire en regroupant des personnes présentant des attitudes et des convictions semblables.

C'est ainsi que jaillit l'idée des « travailleurs intellectuels ». Ce sont des gens qui normalement passent leur journée assis à un bureau. Ils génèrent des idées, élaborent des plans, analysent des données. Il existe des travailleurs intellectuels dans des environnements extrêmement différents. Certains travaillent dans des grands bureaux, ce sont des cadres très spécialisés, d'autres chez eux, tels que les consultants, et d'autres encore dans des cités universitaires — ce sont les étudiants. Un plan de marketing interne d'Apple décrivait les travailleurs intellectuels de la manière suivante :

> *Les travailleurs intellectuels sont des personnes ayant reçu une formation professionnelle poussée, payées pour traiter des informations et des idées afin d'en faire des plans, des rapports, des analyses, des notes de service et des budgets. Ils sont généralement assis à des bureaux. Ils effectuent habituellement le même travail générique de résolution de problème, quel que soit leur âge, l'industrie, la taille de l'entreprise ou l'implantation géographique. Certains ont une petite expérience en informatique — peut-être une initiation à l'université — mais la plupart sont de vrais béotiens. L'emploi qu'ils pourraient faire d'un ordinateur personnel ne relèverait pas du type huit-heures-par-jour-sur-le-clavier. Ils passent plutôt d'une activité à l'autre, d'une réunion à un appel téléphonique, d'une note à un budget, du courrier à une réunion. Comme le téléphone, il faut que leur ordinateur personnel soit extrêmement puissant tout en étant extrêmement facile à utiliser.*

Sur la base de calculs approximatifs, Apple découvrit qu'il y avait près de vingt-cinq millions de travailleurs intellectuels aux Etats-Unis susceptibles de se servir d'ordinateurs Macintosh. Ce chiffre se décomposait de la manière suivante : cinq millions dans les petites entreprises (moins de cinq millions de dollars de chiffre d'affaires annuel), cinq millions dans les grandes entreprises (deux mille plus grandes sociétés répertoriées par le magazine *Fortune*), près de neuf millions dans les moyennes entreprises, et le reste dans les universités et à domicile.

A cette époque-là, peu de travailleurs intellectuels se servaient d'ordinateurs personnels. Il faut en effet déjà de bonnes compétences et une solide formation pour se servir de l'Apple II. Pour vraiment apprécier la machine, il faut soulever le capot et y ajouter des cartes de circuit. Vendre l'Apple II revenait un peu à vendre un téléphone en kit. Mac devait être différent. Il fallait surtout qu'il n'intimide pas le client et soit facile à utiliser. On pouvait apprendre à s'en servir en deux à quatre heures, contre vingt à quarante pour l'Apple II. Les travailleurs intellectuels devaient se sentir à l'aise. Avec Mac, Apple pouvait toucher un nouveau marché de vingt-cinq millions de travailleurs. Mac pouvait alors devenir l'ordinateur type du travailleur intellectuel.

Nous commençâmes à considérer les travailleurs intellectuels comme l'étape suivante de la séquence d'adaptation relative aux ordinateurs personnels. Comme nous l'avons vu au chapitre 4, les nouveaux produits sont généralement acceptés par le marché par étapes : d'abord par les innovateurs, puis par les adeptes de la première heure et les adeptes de la dernière heure, et enfin par les retardataires. Avant Macintosh, seuls des innovateurs avaient acheté des ordinateurs personnels. Ils acceptaient de lire un manuel de quatre cents pages et de consacrer entre vingt et quarante heures à apprendre à se servir de la machine. L'ordinateur devenait une partie importante de leur vie. Certains étaient devenus des « fous du tableur ».

Mais le marché avait commencé à manquer d'innovateurs, et beaucoup attendaient des ordinateurs plus faciles d'emploi. Or, précisément, les travailleurs intellectuels faisaient partie de ce groupe. La nouvelle génération d'ordinateurs devait répondre aux besoins de ces travailleurs.

Nous passâmes des heures à discuter de questions telles que : qui sont les travailleurs intellectuels ? Où sont-ils ? Comment pouvons-nous les identifier ? La stratégie visait à faire de Mac un produit si unique et innovateur que les travailleurs intellectuels ne pourraient lui résister.

Au cours des réunions de marketing, nous passâmes aussi beaucoup de temps à réfléchir aux mots et au langage. Comment pourrions-nous parler de Mac ? Nous décidâmes de créer notre propre vocabulaire. De fait, les révolutions créent leur propre langage. Nous savions que le langage serait très important pour le positionnement de Mac. Nous savions que Mac était radicalement différent de tous les autres ordinateurs personnels existant sur le marché, et nous ne voulions pas qu'il soit comparable. Nous ne voulions pas que les gens comparent entre eux les systèmes d'exploitation et les claviers. Il nous fallait créer nos propres mots. Ensuite, lorsque la presse et les revendeurs parleraient des ordinateurs, Mac se détacherait. C'était une sorte de différenciation forcée.

Certains termes s'imposaient, comme « souris » et « interface utilisateur ». Mais la majorité de la discussion porta sur le terme « appareil ». Mike Murray, directeur du marketing de Mac, pensait qu'Apple pouvait positionner Mac comme un appareil d'information. Nous étions plusieurs à être plutôt sceptiques. Nous considérions que les ordinateurs étaient plus complexes que des réfrigérateurs et d'autres appareils classiques. Nous craignions aussi que le terme « appareil » n'oriente Mac vers le domicile et non vers le bureau.

Mais Murray insista. Il ne retint pas l'analogie avec les robots ménagers et, en août 1982, lança le premier plan de produits pour Mac en s'appuyant sur la métaphore avec les appareils électroménagers.

> *Considérez Mac comme un appareil. Une machine destinée à une fonction précise. Comme un robot ménager dans la cuisine, on peut vivre sans un Macintosh sur son bureau. Pourtant, l'accroissement de la productivité personnelle combiné à la possibilité d'expression créative personnelle va frapper l'imagination de nos clients. Peut-être que les utilisateurs ne passeront que 15 à 20 % de leur temps sur Mac, mais comme le robot ménager, il fera toute la différence. Nos clients auront du mal à revenir à « l'ancienne manière » de travailler. Macintosh fera partie intégrante de la vie à un bureau. En fait, nous aimerions voir le jour où un jeune cadre dynamique recruté par l'une des 500 plus grandes entreprises répertoriées par* Fortune *trouve sur le bureau qui lui est destiné, un téléphone, deux crayons, un bloc de papier, le journal de l'entreprise et un Macintosh.*

Macconflits

La différenciation de Mac par rapport à des produits concurrents n'était qu'un des volets du problème de marketing. Il fallait en effet — et c'était tout aussi important — que les responsables du marketing de Mac parviennent à différencier leur produit du reste de la gamme Apple. Or, tous les ordinateurs Apple, tant sur le marché qu'en développement, visaient pratiquement le même public. Il était à craindre que chaque ordinateur Apple ne cannibalise les autres.

Toutes les entreprises qui ont plusieurs produits connaissent ces conflits internes. La solution consiste habituellement à partager le gâteau. Cibler un produit sur les petites entreprises, un autre sur les cadres spécialisés. Vendre un produit avec une marche confortable, un autre à prix serré. Si les produits se chevauchent trop, les revendeurs et les clients ne sauront plus à quel saint se vouer. Les revendeurs ne sauront plus quels produits vendre, et les clients ne sauront plus lequel acheter. Pour des raisons de clarté, il vaut mieux que chaque produit cède un peu de son territoire.

Toutefois, chez Apple, cette approche normale semblait impossible. Chaque groupe de produits Apple tenait à son fief, et chacun œuvrait dans un esprit de concurrence plus que de coopération. Beaucoup de produits Apple s'adressaient aux petites entreprises et aux cadres spécialisés, mais les différents groupes de marketing refusaient de s'entendre pour résoudre les conflits.

Le plus grave conflit fut peut-être celui qui éclata entre Mac et Lisa. Les deux produits émanaient de projets très différents. Le projet Lisa était le fruit d'efforts de toute l'entreprise — beaucoup de gens et beaucoup d'argent — tandis que le projet Mac ressemblait davantage à un travail de guerilla interne. En 1982, les deux projets étaient sur le point de se télescoper.

Le groupe de développement de Lisa espérait positionner son produit comme une nouvelle norme en matière d'informatique individuelle. Le groupe Mac nourrissait les mêmes espoirs. L'équipe de Lisa envisageait de rendre son ordinateur considérablement plus facile à utiliser que les ordinateurs classiques grâce à une nouvelle interface graphique. L'équipe de Mac visait le même but. Lisa était équipé du micro-processeur Motorola 68000. Mac aussi. Lisa était équipé d'une souris, Mac aussi.

Même les publics visés étaient de plus en plus identiques. Au début, les concepteurs de Mac évitèrent les applications de gestion. Ils voulaient mettre la puissance informatique à la portée des « masses », et non d'hommes d'affaires avides d'argent. Ils éprouvaient des soupçons à l'égard de quiconque lisait *The Wall Street Journal* et s'en amusaient beaucoup. Mais lorsque Jobs prit en charge le projet Mac, il l'orienta vers des applications de bureau et les travailleurs intellectuels, visant ainsi pratiquement le même public que Lisa.

La concurrence s'intensifia entre les deux groupes. Chacun voulait éliminer l'autre. Les directeurs généraux des deux groupes, Jobs et John Couch, en vinrent même à parier personnellement que leur ordinateur arriverait le premier sur le marché. Le perdant devait inviter à dîner le gagnant.

Il y avait également conflit entre Mac et l'Apple II vieillissant. Pour beaucoup, Mac devait remplacer l'Apple II. Il devait accélérer le processus d'obsolescence de l'Apple II. Or, cela risquait de poser de graves problèmes à Apple. Malgré sa croissance incroyable, Apple était encore, dans une large mesure, la société d'un seul produit. Elle réalisait cinq cents millions de dollars de chiffre d'affaires avec un produit de base, l'Apple II. Qu'allait-il se passer si ce produit unique devenait obsolète du jour au lendemain ?

Lorsqu'elles donnent un successeur à un produit existant, les entreprises font en sorte qu'un produit remplace progressivement l'autre. Au fur et à mesure que les ventes du nouveau produit progressent, celles de l'ancien diminuent. Beaucoup de responsables du marketing d'Apple ont regretté que le passage de l'Apple II à Mac ne se soit pas fait plus en douceur. Lorsque Mac apparut sur le marché, ils calculèrent que les ventes de l'Apple II allaient s'effondrer. Mais Apple ne pouvait accroître sa production de Mac que lentement, et la transition risquait d'être catastrophique.

Macperturbations

L'année 1983 a été une année de troubles et de changements chez Apple. Tout commença sans heurts. En janvier, Apple lança son ordinateur Lisa. En effet, le cycle de développement de celui-ci avait été plus rapide que celui de Mac, et John Couch avait d'ailleurs gagné son pari contre Jobs. Le marché accueillit très vite Lisa comme un produit révolutionnaire. Les magazines publièrent des articles dithyrambiques sur la nouvelle machine. Certains se plaignirent du prix de Lisa — dix mille dollars — mais pratiquement tout le monde était d'accord pour dire que Lisa amorçait un tournant dans l'industrie des ordinateurs personnels.

L'accueil enthousiaste réservé à Lisa fut dû, en partie, à un environnement du marché particulièrement favorable. Apple semblait avoir le vent en poupe. L'industrie des ordinateurs personnels dans son ensemble connaissait une expansion rapide. Tout le monde connaissait la prospérité : Atari, Osborne, Commodore. Le magazine *Time* avait même choisi l'ordinateur personnel comme « machine de l'année » pour 1982.

L'arrivée d'IBM sur le marché des ordinateurs personnels en 1981 avait effrayé certains concurrents, mais la présence d'IBM semblait d'abord un facteur plus positif que négatif pour les autres constructeurs. L'aval d'IBM conférait une crédibilité accrue à cette nouvelle industrie, et la vague d'enthousiasme qui entourait les ordinateurs personnels profitait à tous.

Néanmoins, personne ne bénéficia autant qu'Apple de cette véritable explosion du marché. Apple restait incontestablement le leader de cette industrie, tant en ce qui concerne le chiffre d'affaires que les profits. Tout juste cinq ans après que Steve Jobs et Steve Wozniak se soient lancés dans l'aventure dans un garage, Apple accédait à l'élite des cinq cents plus grandes entreprises répertoriées par *Fortune*. Jamais, auparavant, une entreprise n'avait aussi vite accédé à une telle gloire.

Mais comme c'est si souvent le cas dans les industries dynamiques, l'environnement du marché des ordinateurs personnels changea radicalement au cours du premier semestre de 1983. Les prix continuèrent de chuter et la concurrence de s'intensifier, resserrant les profits de cette industrie dans un véritable étau. Ce n'était plus le paradis. Les uns après les autres, les constructeurs rencontrèrent des difficultés financières. Osborne et Victor déposèrent leur bilan. Texas Instruments et Atari perdirent des centaines de millions de dollars.

Apple, aussi, commença à se battre. Ses profits trimestriels chutèrent pour la première fois de son histoire. Pire encore, l'ordinateur Lisa, porté aux nues, fit un four sur le marché. Des problèmes de production contraignirent Apple à différer les livraisons du nouvel ordinateur, et Lisa ne retrouva jamais l'élan initial.

Apple avait espéré vendre de très nombreux ordinateurs Lisa à des travailleurs intellectuels dans des grandes entreprises, mais les modifications de l'environnement déjouèrent les plans d'Apple. Avant 1983, les ordinateurs personnels étaient considérés comme des machines autonomes. Dans les grandes entreprises, on achetait des ordinateurs personnels sans même consulter le responsable de la fonction informatique. Apple espérait ainsi vendre ses Lisa de la même manière. La société pensait que le public était prêt à dépenser dix mille dollars dans un système autonome technologiquement avancé.

Or, les choses ne se passèrent pas du tout de cette manière. Les responsables des systèmes intégrés de gestion commencèrent à s'inquiéter de l'afflux d'ordinateurs personnels qu'ils ne contrôlaient plus. Beaucoup d'entreprises furent inondées d'un ensemble hétérogène de machines de marques différentes. Dans la plupart des cas, ces machines étaient incompatibles. Elles ne pouvaient utiliser les mêmes programmes ou unités périphériques, ni être connectées dans des réseaux pour permettre le partage des informations et données. Les responsables des systèmes intégrés de gestion déclarèrent la guerre à ces ordinateurs non autorisés. Ils voulurent reprendre la maîtrise de toutes les ressources informatiques de l'entreprise.

Ce furent de mauvaises nouvelles pour Apple, mais qui firent le jeu d'IBM. En effet, les responsables des systèmes intégrés de gestion avaient des ordinateurs IBM depuis des années, et faisaient confiance à ce constructeur. Ils se mirent à acheter des ordinateurs personnels IBM par centaines, voire par milliers. Apple se voyait fermer la porte au nez. Son Lisa était jugé trop cher, ne pouvait être connecté à des réseaux et ne permettait pas la communication de données. Par ailleurs, l'Apple II n'était plus assez puissant pour beaucoup de nouvelles applications.

IBM reprit du poil de la bête. Sa part du marché des ordinateurs personnels passa de 18,4 % en 1982 à 30 % en 1983. IBM semblait invincible. Des rumeurs circulèrent sur le prochain ordinateur personnel d'IBM, qui devait être un ordinateur domestique bon marché, développé sous le nom de code Peanut. Analystes et revendeurs prédirent que Peanut allait être le premier véritable ordinateur grand public. Ils firent de Peanut un vainqueur avant même son lancement sur le marché. En anticipation de la sortie du Peanut, les autres constructeurs d'ordinateurs personnels baissèrent leurs prix. Macintosh d'Apple semblait d'emblée hors circuit ; en effet, Apple s'apprêtait à le lancer à 2 500 dollars, alors que dans l'industrie tout le monde parlait de 500 dollars pour le Peanut.

En l'espace de quelques mois, l'image d'IBM avait considérablement changé. Tant pour les clients que pour les analystes, IBM était le leader incontesté de l'industrie. Pour les autres constructeurs, IBM était l'ennemi numéro un. Lorsqu'IBM lança son PC, Apple fit paraître une publicité dans *The Wall Street Journal* annonçant « Bienvenue à IBM ». Apple cherchait à prendre le vent, ce qui fut à l'origine d'une plaisanterie qui ne manqua pas de circuler au siège d'Apple à Cupertino :

Devinette : Quels sont les deux plus gros mensonges du monde ?

Réponse : Le chèque est dans le courrier, et bienvenue à IBM.

Macretour

Lorsque John Sculley prit la direction d'Apple en avril 1983, il trouva une situation extrêmement difficile. Compte tenu des ventes décevantes de Lisa, Macintosh était plus important que jamais. Il n'était pas exagéré de dire que l'avenir d'Apple dépendait de Macintosh.

Les dirigeants d'Apple étaient encore très enthousiastes à son égard, mais étaient très inquiets quant au marché. L'environnement était mauvais. personne ne savait si le marché accepterait Macintosh, et personne ne savait très bien comment le commercialiser. Le marketing de Mac était perturbé depuis plusieurs années, en raison de l'inconstance du marché. En quelque sorte, il fallait qu'Apple adapte Macintosh à l'environnement du moment.

Sculley devait aussi régler deux autres problèmes. Premièrement, il fallait qu'il s'assure de la poursuite de la rentabilité de l'entreprise. Apple avait misé sur des ventes considérables de Lisa qui ne furent jamais réalisées. La société s'était exagérément développée et les profits chutaient. Si Apple entrait dans le rouge, c'était la catastrophe. La société perdrait sa crédibilité et son positionnement. Dans l'esprit du public, Apple irait rejoindre Osborne, Atari et Texas Instruments. On allait commencer à s'interroger sur l'avenir d'Apple. Mais si la société pouvait réduire ses dépenses et rester rentable, même avec un chiffre d'affaires restreint, elle pourrait éviter de rejoindre le groupe des perdants.

Deuxièmement, il fallait relancer Lisa. En effet, la réussite d'un produit entraîne la réussite d'un autre produit. Si l'on essuie un échec, on perd toute crédibilité pour le lancement du produit suivant. Si Lisa restait un échec, les revendeurs et les observateurs continueraient de le déplorer, et ne s'intéresseraient pas à Macintosh. Pour relancer Lisa, Sculley et Jobs mirent sur pied un plan prévoyant une baisse du prix de Lisa, une multiplication du nombre de revendeurs commercialisant Lisa, et une forme de compatibilité entre Lisa et Mac de sorte que ces deux ordinateurs puissent constituer une famille de produits cohérente.

Parallèlement à cet effort, Apple commença à percevoir quelques bonnes nouvelles du marché. La toute dernière version de l'Apple II, baptisée Apple IIe, se vendait comme des petits pains. En 1983, il se vendit 700 000 mille ordinateurs Apple II, contre 300 000 en 1982. Les responsables du marketing d'Apple se rendirent compte que le Macintosh ne rendrait peut-être pas l'Apple II entièrement obsolète. Les ventes d'Apple II continuèrent à progresser régulièrement. IBM était déjà sur le marché, et Mac dans les coulisses, mais les gens continuaient à acheter l'Apple II. Peut-être l'Apple II allait-il durer malgré tout.

Après avoir été considérés comme concurrents chez leur constructeur, Macintosh et Apple II commencèrent à se différencier. Quelques années plus tôt, les dirigeants d'Apple imaginèrent vendre Macintosh et l'Apple II entre 1 000 et 1 500 dollars. Mais la fourchette commençait à s'écarter. Le prix de l'Apple II baissait tandis que les coûts de développement de Macintosh montaient. Macintosh allait se vendre 2 000 ou 2 500 dollars, soit bien au-dessus du prix de l'Apple II.

Les marchés cibles de l'Apple II et du Mac commençaient aussi à se différencier. De plus en plus, l'Apple II s'orientait vers des marchés verticaux. En effet, depuis le lancement de l'Apple II en 1976, les créateurs de logiciels avaient écrit des milliers de programmes spécialisés pour cet ordinateur, qui pouvaient donc servir à des milliers d'applications spécialisées. Il existait des programmes pour Apple II destinés à faciliter la gestion d'élevages porcins et d'autres pour l'éducation des jeunes enfants. Même après le lancement de Mac, ces applications n'allaient pas disparaître. Pendant ce temps, Macintosh s'adressait au marché horizontal des travailleurs intellectuels.

Pratiquement au même moment, le projet Macintosh reçut un coup de pouce inespéré d'IBM. Après deux ans de sans faute sur le marché des ordinateurs personnels, IBM se mit à commettre quelques erreurs.

Tout d'abord, le Peanut, officiellement appelé PC junior, ne tint pas ses promesses. Avec un clavier très ordinaire et une capacité de mémoire limitée, le PC junior déçut les revendeurs et les clients. Le public prit brusquement conscience qu'IBM n'était pas invincible. Ce n'était pas un vainqueur systématique. Chez les détaillants et les créateurs de logiciels, on observa une nouvelle hésitation, une incertitude à l'égard d'IBM. Le géant de l'informatique devait reconquérir sa crédibilité sur le marché des ordinateurs personnels.

De plus, l'échec du PC junior conféra à Apple une plus grande souplesse pour positionner son Macintosh. Si le PC junior avait été un succès fantastique, le public aurait inévitablement comparé Mac au PC junior, bien qu'il se soit agi de machines totalement différentes visant des marchés également différents. Le positionnement de Macintosh aurait été extrêmement difficile. Le PC junior faisant fiasco, ce problème disparaissait.

Avant même l'échec du PC junior, certains détaillants et créateurs de logiciels s'étaient inquiétés de leurs relations avec la compagnie IBM. Beaucoup de revendeurs étaient devenus extrêmement dépendants de la compagnie. Dans certaines boutiques, les produits IBM représentaient 75 % du chiffre d'affaires total. Or, aucun revendeur n'aime dépendre à ce point d'un fournisseur unique.

Les pires craintes des revendeurs se justifièrent lorsqu'IBM décida d'élargir ses propres circuits de distribution. Il y eut davantage de centres de produits IBM et un étoffement de la force de vente directe. Des analystes rapportèrent qu'IBM espérait vendre 60 % de ses ordinateurs par ses propres circuits, contre 40 % en 1982. Les revendeurs indépendants étaient nerveux, et on les comprend. Qui pouvait empêcher IBM de vendre 70 %, ou 80 % ou même 100 % de ses produits par ses propres circuits, ne laissant à peine que quelques miettes aux revendeurs indépendants ?

Les créateurs indépendants de logiciels furent confrontés au même dilemme. Tout comme les revendeurs, ils devenaient extrêmement dépendants de la compagnie IBM. Ils gagnaient leur vie essentiellement en vendant des programmes destinés aux ordinateurs personnels IBM. Ces créateurs de logiciels avaient contribué au succès de l'IBM PC, mais maintenant IBM se mettait à leur faire concurrence. La compagnie lança de plus en plus de programmes sous sa propre marque, arrachant à son profit une part du marché détenu par les sociétés de logiciels. Certaines vendirent leurs logiciels sous licence à IBM, mais c'était un marché de dupes : elles empochaient le montant des licences, mais perdaient le marché.

Par ailleurs, certains observateurs affirmèrent qu'IBM travaillait sur un nouveau système d'exploitation, ce qui n'arrangeait rien. En gardant le secret sur certains aspects du système d'exploitation, IBM rendait la vie encore plus difficile aux créateurs indépendants de programmes d'application. Certaines sociétés de logiciels s'inquiétaient franchement de la tournure que prenait l'industrie. Fred Gibbons, président de Software Publishing, créateur des programmes de la famille PFS, m'avoua ne plus savoir comment faire face à l'évolution des conditions du marché.

Toutes ces initiatives s'ajoutaient à un nouvel environnement dans l'industrie des ordinateurs personnels. La notion de Crainte, Incertitude et Doute avait une portée inverse : sur la plupart des marchés, IBM l'exploitait à son profit. Les clients redoutaient d'acheter autre chose que la marque IBM. C'était un pari sûr dans un monde incertain.

Mais sur le marché des ordinateurs personnels, IBM était aussi devenu source d'incertitude et de doute. Les membres de l'infrastructure de cette industrie — revendeurs, créateurs de logiciels — ne faisaient plus confiance à la compagnie. Ils se méfiaient des motivations d'IBM et redoutaient ses orientations futures. Ils étaient toujours désireux de travailler avec IBM, mais ne voulaient pas trop dépendre du géant de l'informatique.

Macinfrastructure

Ce nouvel environnement offrait une fantastique ouverture pour Apple et Macintosh. Les membres de l'infrastructure de cette industrie ne voyaient plus le monde au travers d'IBM. Ils attendaient des produits susceptibles de défier l'IBM PC. Apple en prit conscience et entreprit de faire des membres de l'infrastructure des partisans de Mac.

Il est de fait que l'infrastructure de l'industrie est extrêmement importante dans le domaine de l'informatique individuelle. Aucun ordinateur personnel, quelles que soient sa puissance et l'avance de sa technologie, ne peut gagner sur le marché sans l'appui de l'infrastructure. Il faut que des créateurs de logiciels écrivent des programmes pour l'ordinateur, que les revendeurs acceptent de l'avoir en rayon, et que les analystes en fassent l'éloge dans leurs lettres d'information.

Si un produit peut s'attacher l'appui de l'infrastructure, il est presque certain de réussir sur le marché. L'infrastructure fonctionne comme une réaction en chaîne. Les nouvelles relatives au produit se répandent par le bouche à oreille, et l'enthousiasme grandit. Si des programmeurs écrivent des progiciels pour la nouvelle machine, les revendeurs sont plus enclins à la prendre en rayon. Si le nombre des revendeurs qui la proposent se multiplient, les analystes et journalistes la présentent comme un succès. Le produit part comme sur une rampe de lancement et acquiert une crédibilité. Pour les clients, embrouillés par les nouvelles technologies et les changements constants du marché, il représente un pari sûr.

Plusieurs mois avant le lancement de Macintosh, Apple commença à travailler l'infrastructure. Tandis que la rumeur se répandait selon laquelle IBM envisageait de vendre 60 % de ses ordinateurs par ses circuits internes, Apple renforça ses relations avec les revendeurs, et créa un conseil régional des revendeurs destiné à servir de liaison entre la société elle-même et les revendeurs. Elle allégea sa propre équipe de vente et s'engagea auprès de revendeurs indépendants à leur confier l'essentiel du réseau de vente des ordinateurs Apple.

Apple prit aussi contact avec des créateurs de logiciels. Là, la société avait des erreurs à se faire pardonner. A une certaine époque, Apple avait été le chouchou de l'industrie du logiciel ; tout le monde voulait écrire des programmes pour l'Apple II. Mais Apple était devenu arrogant avec le succès, et lorsque la société mit au point l'Apple III et Lisa, elle n'autorisa aucune société de logiciels à travailler sur les ordinateurs avant leur lancement officiel. Les créateurs de logiciels en voulurent à Apple, surtout lorsque l'Apple III et Lisa se révélèrent des échecs. Les sociétés de logiciels se tournèrent alors vers l'IBM PC.

Il fallait qu'Apple inverse la tendance. Avec une humilité retrouvée, les dirigeants et ingénieurs d'Apple allèrent voir les créateurs de logiciels et leur demandèrent de développer des programmes pour Macintosh. Ils proposèrent aussi de les aider dans leurs efforts de développement. Près d'une centaine de sociétés signèrent le contrat, parmi lesquelles trois des plus grandes et des plus influentes — Microsoft, Lotus et Software Publishing.

Chaque société de logiciel signa un contrat la liant au secret. Cela n'empêcha pas la rumeur de se répandre. Le monde des créateurs de logiciels est tout petit, et tout le monde se connaît. Très vite, tout le monde parla de Mac. Les concepteurs apprenant que Microsoft et Lotus travaillaient sur les logiciels de Mac supposèrent qu'ils tenaient là un vainqueur. Ils voulurent aussi participer à la victoire. Tout le monde voulut écrire des programmes pour Mac.

Comme les revendeurs préfèrent apprendre ce type d'engagement directement de la bouche des directeurs généraux, John Sculley parcourut le pays et rencontra tous les revendeurs Apple. Au moment du lancement de la machine, près de quatre mille revendeurs avaient été formés sur Macintosh. Beaucoup en étaient tombés amoureux. Apple avait imposé son Mac dans les boutiques des revendeurs, mais surtout — et c'est le plus important — dans leur esprit.

En dernier lieu, Apple fit passer le message aux analystes et personnalités de l'industrie et, enfin, aux journalistes. Des membres clés de ces groupes suivirent des démonstrations de sept heures sur Macintosh, avec de vastes possibilités de l'essayer eux-mêmes. Beaucoup furent emballés, et tombèrent littéralement amoureux de la machine dès qu'ils commencèrent à jouer avec. Peu après, ils diffusèrent la bonne parole à propos du nouveau produit.

La mission était terminée : l'infrastructure était solidement en place derrière Macintosh.

Macmessage

Dans la préparation de leurs campagnes de commercialisation et de relations publiques, les responsables du marketing d'Apple avaient un objectif primordial : faire de Macintosh la troisième norme de l'industrie de l'informatique individuelle.

Apple prétendait que deux produits seulement s'étaient

imposés comme de véritables normes au cours des huit années que comptait l'histoire de l'industrie des ordinateurs personnels, et ces produits étaient l'Apple II et l'IBM PC. Mac ne deviendrait pas une nouvelle norme du jour au lendemain, mais Apple souhaitait commencer très tôt à promouvoir cette idée.

Pour en convaincre les clients et les médias, Apple mit l'accent sur les caractéristiques de son produit. Les responsables du marketing de Mac voulaient faire passer l'idée que leur produit était radicalement différent des autres ordinateurs personnels. Ils dégagèrent quatre messages clés qu'ils entreprirent de répéter maintes et maintes fois. Ces messages étaient :

Mac reprend « la technologie Lisa » — Lisa n'avait pas tenu ses promesses sur le marché, mais sa technologie avait fait l'objet de commentaires dithyrambiques. Le public était intrigué et impressionné par l'interface « conviviale » de Lisa : sa souris, ses menus de plus en plus détaillés, son graphisme en mode points, ses capacités d'ouvrir des fenêtres à l'écran. Apple voulait faire savoir que l'on retrouvait les mêmes caractéristiques sur Macintosh.

Mac est équipé d'un processeur 32-bits — Beaucoup de gens ne comprennent pas ce que signifie « 32-bits », mais ils savent que cela relève de la technologie de pointe. Après tout, le processeur de l'IBM PC n'est qu'un 16-bits. Comme le précise la documentation de Mac : Mac offre « une puissance incroyable sous le capot ».

Mac offre des outils de gain de productivité personnelle — C'est sur ce point qu'a payé l'effort d'Apple visant à s'attacher l'infrastructure. Au moment du lancement de Mac, Apple pouvait se vanter d'avoir une centaine de grandes sociétés de logiciels travaillant sur les programmes de Mac. Ces programmes devaient accroître la créativité et la productivité personnelle.

Mac est une machine intégrée — Ce message était destiné à apaiser les craintes des clients. Mac est compact et simple. Il suffit de le sortir de son carton d'emballage et de le brancher.

Si l'on veut le déplacer, c'est très facile : « Macintosh trouve confortablement sa place sur votre bureau et dans votre vie. »

Les responsables du marketing de Mac ont utilisé ces quatre messages partout : dans les contacts avec les médias, dans les réunions avec les revendeurs, dans la documentation. Au moment du lancement de la machine, les dix mille vendeurs de Macintosh les savaient par cœur. Apple les a voulus délibérément clairs et nets. Avec l'Apple IIe, Apple fournit aux revendeurs quarante documents différents. Avec Mac, la société donna une seule brochure.

Face aux journalistes, Apple ajouta quelques autres messages relatifs à Macintosh. Pour certaines publications, Apple mit l'accent sur la nouvelle usine automatisée fabriquant Macintosh. Cette usine, équipée du dernier cri de la robotique, sortait un Macintosh toutes les vingt-sept secondes. La présentation de l'usine cadrait bien dans l'environnement du marché. En effet, beaucoup s'interrogeaient sur les capacités de production des sociétés américaines. Les Etats-Unis perdaient du terrain au profit du Japon en matière de robotique et d'autres technologies de fabrication.

L'usine Mac brillait comme une étoile dans cet environnement sombre. Alors qu'Atari venait d'expatrier ses unités de production, Apple revenait aux Etats-Unis. De plus, l'usine Mac était à Fremont, Californie, là où General Motors venait de fermer une usine de montage d'automobiles. C'était l'exemple même d'une nouvelle industrie prenant le relais d'une ancienne. Cela contribua à conférer à Macintosh un profil plus brillant. Mac n'était pas seulement un autre ordinateur, c'était un symbole de l'avenir de l'Amérique.

Les responsables du marketing de Mac mirent aussi l'accent sur l'équipe technique chargée du développement de la machine. Cette équipe était composée d'une dizaine de jeunes talents qui avaient tout donné à Macintosh. Ils avaient travaillé jour et nuit pendant quatre ans. Cette présentation de l'équipe technique positionnait Apple comme une entreprise humaine, personnalisée.

Apple jouissait déjà d'une forte personnalité en tant

qu'entreprise fondée sur l'histoire de Steve Jobs. Macintosh reprenait cette image. Apple était une société qui plaisait au public. Son personnel était jeune, dynamique et innovateur. En revanche, IBM était perçu comme une grande société monolithique, anonyme. Des millions de personnes connaissaient l'histoire de Steve Jobs. Combien de personnes connaissaient même le nom du président d'IBM ?

Avec tous ces à-côtés, Apple fit de Macintosh un fantastique événement. Les responsables de Mac commencèrent à glisser aux journalistes quelques indices concernant la machine plusieurs mois avant son lancement officiel, le 24 janvier. A la mi-janvier, ils partirent pour une grande tournée de conférences de presse qui se termina per une grande réception donnée le 22 janvier. Le jour du lancement officiel, Apple expédia trois mille dossiers de presse, contenant non seulement des photos et des communiqués de presse, mais aussi un T-shirt Macintosh. Au bout de cinq années de travail, Macintosh sortait de chez Apple et se répandait enfin dans le monde.

Macpublicité

La stratégie publicitaire d'Apple pour Macintosh prévoyait deux volets : la publicité télévisée « 1984 » et puis tout le reste.

La publicité « 1984 », créée par Chiat/Day Advertising, reprenait des images du grand classique de George Orwell. Elle ne ressemblait en rien aux autres publicités d'Apple, ni à celles d'aucune autre société. Elle ne parut à l'échelle nationale qu'une seule fois, au cours du 1984 Super Bowl. Ce fut probablement la publicité la plus largement commentée. Chez Apple, elle suscita discussions et controverses et, en fin de compte, un immense sourire.

Cette publicité ressemble davantage à un clip vidéo qu'à un spot publicitaire télévisé. Elle commence par présenter une salle sombre dans laquelle règne une atmosphère surnaturelle. Des hommes au crâne rasé sont assis sur des rangées de bancs à perte de vue. Ils regardent, subjugués, un immense écran placardé au mur, sur lequel un homme froid et sinistre, incarnant de toute évidence Big Brother, parle d'une voix monotone.

Tout à coup, la caméra se déplace sur une jeune femme vêtue d'un short rouge vif et d'une chemise Apple. Elle court, tenant à deux mains un marteau, poursuivie par un groupe d'hommes en uniforme, apparemment la Police de la Pensée. Elle entre dans la pièce, et lance son marteau vers l'écran. Celui-ci se déchire et une bourrasque repousse tous les hommes qui ne sont plus que des zombis.

L'écran devient blanc, puis le logo Apple apparaît. Un narrateur annonce : « Le 24 janvier, Apple lancera Macintosh. Et vous verrez pourquoi 1984 ne ressemblera pas à *1984* ».

La publicité, produite à Londres avec un budget de 500 000 dollars, mourut pratiquement avant même d'avoir vu le jour. Mike Murray, directeur du marketing de Mac, présenta l'annonce au conseil d'administration d'Apple en novembre. Murray adorait cette pub et s'attendait à voir le conseil d'administration partager son engouement. Quelle ne fut pas sa surprise ! Voici comment Murray l'explique :

> *QUAND LA PRÉSENTATION fut terminée, j'eus l'impression de sortir d'un enterrement. Leurs visages étaient extrêmement solennels. Je pensais que je venais de prendre une grande décision sur le plan professionnel. L'un des administrateurs leva les yeux vers Steve (Jobs) et lui dit : « Vous aimez vraiment ça ? » Il était vraiment incrédule. Un autre administrateur, la tête appuyée sur la table, tambourinait sur celle-ci de son poing. Il était furieux..*

Murray essaya d'expliquer les raisons de son choix. Il était convaincu qu'Apple devait frapper l'imagination. Dans l'industrie, pratiquement tout le monde savait ce qu'était Macintosh. Mais sur le marché, Macintosh était totalement inconnu. Au moins, cette publicité allait faire retenir le nom de Macintosh. Même si elle semblait un peu bizarre, ou peut-être justement parce qu'elle semblait bizarre, sur les quatre-vingt millions de personnes qui regarderaient le Super Bowl, beaucoup se rappelleraient du nom de Macintosh. La publicité devait les frapper : Macintosh était quelque chose de nouveau et de radicalement différent.

En outre, cette publicité devait renforcer la personnalité d'Apple. Elle montrait Apple sous le jour de l'audace et de la créativité, et préparait le terrain pour la bataille Apple-IBM. Beaucoup de télespectateurs reconnaîtraient l'image à peine voilée d'IBM sous les traits de Big Brother. L'interprétation était claire. Apple, David audacieux et créatif, prenait le dessus sur Goliath. Cette présentation des deux protagonistes conférait à Apple un grand avantage. En effet, les Américains aiment prendre faits et causes pour les opprimés. Tout le monde aime voir les entrepreneurs réussir. C'était assez judicieux de la part d'Apple de monter en épingle la bataille qui l'opposait à IBM.

Le conseil d'administration ne fut pas convaincu. Il demanda aux responsables de Mac de revendre le temps de passage à l'antenne qui coûtait 950 000 dollars la minute. Apple essaya bien, mais ne trouva aucun acheteur, et la publicité « 1984 » fut finalement diffusée.

La réaction à cette publicité fut extraordinaire. Dans les milieux publicitaires, tout le monde en parlait. La presse publia des articles à son sujet. Les magazines de télévision la présentèrent comme un événement, conférant à Macintosh une publicité encore plus grande. Chez Apple, les sceptiques, y compris moi-même, durent bien reconnaître que la publicité avait porté ses fruits. A la réunion suivante du conseil d'administration, Murray fut accueilli par une ovation.

Le reste de la publicité Mac suivit une approche très différente. Si le spot « 1984 » se situait à un niveau émotionnel, les autres publicités se situaient à un niveau rationnel. Tant dans la presse écrite qu'à la télévision, elles étaient très axées sur le produit. Elles en présentaient les caractéristiques et les avantages. En outre, elles ne manquaient pas de faire des comparaisons directes entre Mac et IBM PC.

C'était une démarche très différente du style de publicité qu'Apple avait retenu pour Lisa. La promotion de Lisa était fondée sur un mode de vie. Un spot publicitaire télévisé présentait un jeune cadre dynamique, en survêtement, travaillant sur Lisa à son bureau. Il téléphonait à sa femme pour lui dire qu'il allait bientôt rentrer pour le petit déjeuner.

Apple tira la leçon de ses annonces publicitaires. La société apprit que le mode de vie n'est pas une corde sensible pour des produits nouveaux et complexes. Avec les nouvelles technologies, la différenciation doit partir du produit lui-même. Les constructeurs doivent fournir la preuve tangible des avantages du produit. Il ne leur suffit pas de dire : nous sommes les meilleurs. L'intangible, comme l'image de leader, doit émaner du tangible. Les annonces publicitaires qui font valoir l'entreprise elle-même et le mode de vie prennent le problème par le mauvais bout : elles partent de l'intangible.

Avec sa publicité Macintosh, Apple revint au tangible. La majeure partie du budget publicitaire fut consacrée à un encart de vingt pages, paru dans une dizaine de magazines différents parmi lesquels *Fortune, Time* et *Business Week*. Cet encart comportait de nombreux faits et chiffres sur Macintosh. Sur une page, un schéma détachable présentait l'intérieur d'un Macintosh. Sur un dépliant de quatre pages, la publicité montrait comment se servir de la souris : pointage, déclic, découpe, collage.

L'encart remporta un succès énorme. Ce fut, de toutes les publicités jamais parues, l'une de celles qui suscita les meilleurs taux de mémorisation. Apple fit imprimer des exemplaires supplémentaires de cet encart publicitaire et s'en servit comme brochure aux points de vente. L'annonce publicitaire était bonne : elle contribuait à différencier Macintosh des autres ordinateurs et renforçait le positionnement de Macintosh en tant que produit.

Macfutur

Apple espérait vendre cinquante mille Macintosh au cours des cent premiers jours suivant le lancement de la machine. En fait, il s'en vendit plus de soixante-quinze mille. De toute évidence, le plan de marketing portait ses fruits. Macintosh avait réussi une percée unique sur le marché.

Comme c'est souvent le cas, la position du produit ne peut se résumer en une petite phrase. Il n'existe pas de slogan unique. Le positionnement de Macintosh repose en fait sur toute une série de paramètres : les clients considèrent le produit comme à la pointe de la technologie et facile à utiliser ; les revendeurs acceptent de s'en occuper ; les créateurs de logiciels aiment travailler dessus ; il est produit dans la seule usine automatisée de fabrication d'ordinateurs personnels du monde ; il a été conçu par une petite équipe de jeunes ingénieurs créatifs. Tous ces facteurs combinés contribuent à positionner un produit.

Cependant, le travail de marketing de Macintosh n'est pas terminé. Le lancement du produit n'est que le début. A bien des égards, le lancement du produit est ce qu'il y a de plus facile en marketing. C'est comme la naissance d'un enfant. Au moment même de la naissance, cela semble douloureux et difficile, mais élever un enfant est une tâche encore plus difficile. La croissance implique un processus de changement, d'expérimentation et d'adaptation. Les parents doivent être des guides et des soutiens tout en dispensant une certaine discipline. Il en va de même pour les produits.

Apple a encore beaucoup à apprendre en matière de marketing. Apple est une fantastique société de développement de produit. Il n'y a pas mieux dans l'industrie. Et Apple est une fantastique société de promotion. Elle peut organiser une grande réception et s'attirer les bonnes grâces de la presse. Mais entre le développement et la promotion d'un produit, il y a un gros effort de marketing à fournir. Par exemple, il faut que les responsables du marketing déterminent leurs marchés cibles et conçoivent la manière de s'adresser à ces marchés.

Chez Apple, les responsables du marketing n'ont pas encore une très grande maîtrise du public cible de Macintosh. Macintosh est perçu comme un produit dans le vent. Il est acheté par un petit groupe de travailleurs intellectuels, les inconditionnels de la nouveauté. Il faut que les responsables du marketing de Mac trouvent les moyens d'atteindre le reste des vingt-cinq millions de travailleurs intellectuels. L'idée d'un « appareil de l'information » n'a pas vraiment pris. Apple doit trouver d'autres manières de communiquer son message.

Le marketing de Macintosh a beaucoup évolué dans les trois années précédant son lancement. Il va encore évoluer au cours des années à venir. A bien des égards, les premiers Macintosh sont des outils de développement. Apple pousse Mac sur le marché, et attend la réponse de ce dernier. Le retour d'information se fait du marché à Apple, puis vient la phase d'adaptation.

En réaction, Apple va expérimenter de nouvelles stratégies et modifier le produit. Un ajustement permanent est la seule manière de maintenir sa position sur un marché dynamique. Moins d'un an après le lancement de Macintosh, Apple a lancé une imprimante à laser et des possibilités de connexion à un réseau, pour que Macintosh se prête mieux à des applications de bureautique. Il y aura encore d'autres changements à l'avenir. Sûrement une plus grande capacité de mémoire. De nouveaux périphériques. La couleur. De nouvelles caractéristiques de l'écran. Enfin, des programmes spécialisés intéressant des groupes spécifiques de travailleurs intellectuels.

Tout en faisant ces changements, les responsables de Macintosh doivent éviter les écueils de la grandeur. Tout au long du développement de Mac, l'intuition est restée reine. Peu d'études de marché et peu d'initiatives de gestion. Tout le monde était proche du produit. Dès lors que la division Macintosh s'étend, les responsables vont inévitablement être plus loin du produit. Ils vont devoir se consacrer davantage à la gestion. Ils n'auront plus le temps de voir les ingénieurs dans le laboratoire et de parler avec eux.

Le succès de Macintosh peut-il se poursuivre ? Seule, l'expérience le dira. Rien n'est certain ni immuable dans cette industrie. Le marché va encore changer, les technologies vont encore progresser, et Macintosh va encore se modifier. Ainsi va la vie dans les industries dynamiques.

Table des figures

Index

Achevé d'imprimer
sur les presses de l'imprimerie
Arts Graphiques du Perche
28240 La Loupe
Dépôt légal novembre 1985